寻迹西安

西安重点文保导览手册

华古团队　编著

陕西新华出版
陕西人民出版社

图书在版编目（CIP）数据

寻迹西安：西安重点文保导览手册 / 华古团队编 .
-- 西安：陕西人民出版社，2023.8
ISBN 978-7-224-14992-0

Ⅰ. ①寻… Ⅱ. ①华… Ⅲ. ①名胜古迹—西安—手册
②文化遗址—西安—手册 Ⅳ. ① K928.704.11-62
② K878-62

中国国家版本馆 CIP 数据核字（2023）第 130564 号

出 品 人：赵小峰
总 策 划：王长海
策划编辑：许晓光　白艳妮
责任编辑：许晓光　白艳妮
整体设计：赵文君

寻迹西安：西安重点文保导览手册
XUNJI XI'AN XI'AN ZHONGDIAN WENBAO DAOLAN SHOUCE

编　　著　华古团队
出版发行　陕西人民出版社
　　　　　（西安市北大街 147 号　邮编：710003）
印　　刷　广东虎彩云印刷有限公司
开　　本　850 毫米 ×1168 毫米　1/32
印　　张　21.625
字　　数　260 千字
版　　次　2023 年 8 月第 1 版
印　　次　2024 年 7 月第 2 次印刷
书　　号　ISBN 978-7-224-14992-0
定　　价　188.00 元

众创华夏文物古迹影像志

——“寻迹华夏”丛书总序

华夏大地，山川壮丽，物产丰隆，我们的先辈在这片土地上创造了众多灿烂的文化，也留下了浩如烟海的文化遗产，形成了炎黄子孙的文化根脉。代表这些文化的遗迹现大多被文物部门在原址保护起来，其中重要的被列入文物保护单位，简称文保（下皆简称）。

20 世纪 80 年代以来，伴随着我国经济飞速发展，人民物质生活水平不断提高，对精神文化的需求也愈加强烈。除了各种形式的文化旅游飞速发展外，一些地区也出现了很多或由政府引导或民间自发组建的文保志愿者团体。这些团体配合政府文物保护部门，对文物进行细致巡查和面向公众开展各种文化行走、宣传活动。这些活动不仅增强了公众对文物的了解，还提高了公众对文物保护的参与度。

我们组建的华古团队及前身——主题南京团队就是一个文物爱好者和文物保护宣传团队。从 2014 年开始，我们不仅不间断细致走访南京的各级文物，还编撰了宣传和保护六朝陵墓石刻书籍《六朝遗韵：沿着朱偰先生的足迹》。我们的行为得到了文物部门的认可和各级媒体的宣传，2020 年央视纪录片《城·墙》还把我们团队的事迹编入。

在走访过程中，我们发现很多文保位置较偏远，走访难度大。为了方便其他文保爱好者，我们以政府部门公布的文保列表为基础依据，同时将几年间对南京文物的走访资料加以汇集，建立了文保数据库，并自筹资金研发推出了“金陵文化遗产”网站和手机 App。

网站和 App 的上线后，得到了南京众多文保爱好者的支持和肯定，同时也吸引了我们“朋友圈”中各地同好的目光。在全国各地爱好者的支持下，2019 年我们将其升级到全国范围，并更名为“华夏古迹图”文物古迹大数据平台（简称华古平台），同时推出全新的网站、App、微信小程序及平台和地区管理端软件。

随着各地文保爱好者的加入，华古平台的数据不断完善。截至 2023 年 5 月底，平台共完善了全国 367 个地市（含省管县）的数据，共计收录 77833 个文保及其包含的 85184 个文保点，其中包含了平台用户辅助发现的 35776 个文保点。另外，平台收录用户添加的足迹 270247 个，上传的照片 1051493 张。我们的用户群也不断扩大，还吸引了很多文博相关专业的学生和研究从业者加入管理团队。

在此基础上，大家希望能将平台的成果通过众创的方式形成书籍，加以沉淀。

通过书籍辅助平台的方式对文物进行更深入的宣传，让公众更全面了解文物的方方面面。

介绍各地美景风光的书籍，市面上其实已经有很多，或深入或浅出的文字版文物类书籍也不少，但是内容系统全面的聚焦文物，又兼具美观和实用的文物导览工具类书籍还很缺乏。在未来的数年内，我们计划以“寻迹华夏”作为丛书名，以“华古团队”为丛书作者，联合全国各地文物爱好者，以一个城市或一类文物，系统分类整理相应文物，规划线路，配以或难得一见或精彩绝伦的照片，出版一系列精品书籍，为读者打造独有的文物盛宴。

2021 年底和 2022 年底我们相继出版了“寻迹华夏”之古都系列的《寻迹南京》和《寻迹北京》两本书。这两本书分别以南京、北京的国家级重点文物保护单位为纲，串联出周边省（直辖市）级、市县级文物保护单位近千处，让读者可以比较全面的了解南京和北京的不可移动文物。

《寻迹南京》和《寻迹北京》出版后，我们继续和陕西人民出版社合作，编写和出版以四大古都子系列的《寻迹西安》和《寻迹洛阳》。与此同时，我们已经和陕西人民出版社就帝王陵专题、古建筑专题也开展了前期准备工作，更多的“寻迹华夏”系列丛书讲陆续启动。

另外，我们也将持续不断地完善“华夏古迹图”文物古迹大数据平台，也希望各地的爱好者共同参与到平台的完善工作中来。平台与书籍相辅相成，共绘“华夏古迹图”，共同守护华夏文物。

最后，我们希望“寻迹华夏”系列丛书可以成为这个时代华夏大地文化遗产的一部影像志，也成为宣传身边文化遗产的系列文化读本。希望通过我们的书籍和平台，让大家更方便地关注身边的文物古迹，让华夏灿烂文化遗产成为我们民族复兴道路上强大的精神力量！

让我们一起“按图索迹，守望古今”！

华古平台创始人、“寻迹华夏”系列丛书总策划　邵世海

2023 年 5 月

序

西安是著名的世界四大古都之一，也是我国定都朝代最多的古代都城之一，达十三朝之多。西安所在的关中地区，早在115万年前，就有蓝田猿人在这里生活，此外还发现了大量的古人类遗址，从直立猿人到智人，再到新石器时代的现代人，形成了一个完整的发展谱系，是我国古人类遗址分布最为密集、最为广泛的一个地区。中华民族的祖先黄帝和炎帝也诞生在这里，其部落最早就生活在渭水流域的黄土高原上，因此关中是中华文明最重要的发祥地。

从西周建都丰镐算起，西安有3100多年建城史；从这时算起至唐朝末年，有1100多年的建都史；2008年，西安高陵杨官寨发掘了新石器时代晚期城市遗迹，被选为当年中国十大考古新发现之首，是中国迄今发现的最早的城市遗址，如从这时算起，西安就有6000年的建城历史。西安也是著名的陆上丝绸之路起点，开启了中国与西方的经济与文化交流的历史，在世界历史中具有举足轻重的影响。西安北濒渭水，南依秦岭，有八水环绕，自然环境优美。由于具有这些优越的自然条件与深厚的历史积淀，西安拥有许多历史遗迹，等级高、影响大，其中不少遗迹具有世界级影响而被纳入世界文化遗产名录，至于非物质文化遗产就更多了。

正因为西安历史悠久，文化积淀深厚，所以这一地区历史文化遗迹种类繁多，大体上可分为古遗址类、古墓葬类、古建筑类、石窟寺及石刻类、近现代重要史迹及代表性建筑类等，每一种类根据存世情况的不同而数量多少不同。本书延续了“寻迹古都”系列的编撰方式。首先，收集了大量的精美图幅，做到了图文并茂，这是非常可喜的。其次，这部书实用性很强，均提供了具体地点、开放时间、寻访路线，还提供了是否收费的信息，方便了群众，发挥了导览的作用。

与“寻迹古都”系列的前两本不同，《寻迹西安》的古遗址类文保极多，西安作为都城的历史很长，但地面建筑大都荡然无存，故只能归之于古遗址之类。有一点需要强调，即西安的古遗址有许多都是赫赫有名的建筑遗址，在历史上影响极大，如秦阿房宫遗址、汉长安城遗址、汉未央宫遗址、汉长乐宫遗址、汉建章宫遗址、隋唐长安城遗址、大明宫遗址、华清宫遗址等，这是因为汉唐两朝是我国历史上的鼎盛时期，不仅在中国历史上即使在世界历史上也是具有重大影响的，对历史爱好者而言，自然是耳熟能详的。在西安的古墓葬中，有秦始皇陵、汉文帝霸陵、汉宣帝杜陵等，由于政区隶属关系的原因，许多著名帝王的陵墓都没有包括进来，如黄帝陵、汉高祖长陵、汉武帝茂陵以及唐十八陵等，还有许多著名历史人物的墓葬，如白起墓、苏武墓、卫青墓、霍去病墓、魏徵墓、李勣墓等，这些都是距西安较近的景点，游客来西安时可以就近参观或凭吊。

西安的古建筑有一个特点，即主要是佛塔与明清建筑，唐宋以前的古建筑均毁坏无存了。在佛塔中有著名的鸠摩罗什舍利塔、大雁塔、小雁塔、香积寺善导塔、兴教寺塔、华严寺塔等；西安的现存木构古建筑虽然时代比较晚，但亦有非常鲜明的特点，如西安清真大寺与大学习巷清真寺，均为伊斯兰教寺院，前者始建于唐玄宗天宝元年（742），后者始建于唐中宗神龙元年（705），为中国最古老的清真寺，然现存建筑却是明清时期的中式建筑。西安城墙为我国保存最完整的古城墙，每年都在上面举行各种活动，是外地游客来西安必游的景点之一。西安钟鼓楼与水陆庵，前者是西安的地标式古建筑，后者号称“中国第二敦煌”，有大小 3700 多尊彩塑人物，件件栩栩如生，个个活灵活现。水陆庵的彩塑还有一个特点，即反映的并不是单纯的佛教思想，应该是佛、道、儒三教合一的思想，这一状况放眼全国也是不多见的。来西安者如果时间允许，一定要来这座艺术宝库参观。

《寻迹西安》一书，收录的是全国重点文物保护单位，这种情况就限制了收录更多的历史与文化遗迹，这是笔者不厌其烦地介绍此书收录范围之外的一些遗址的根本原因，不过西安遗迹中最精华的部分都囊括无遗了。

西安是全国著名的旅游城市，来自全国各地的游客不仅需要度过一个愉快的假期，还需要得到更多的历史文化熏陶。西安本来具有丰富的此类资源，但由于这些历史遗址分布在全城的大街小巷之内，或处在郊外的深谷山林之中，不易寻找，加之对交通路线不熟，严重地影响其发挥作用。此书的编撰，就解决了以上这些问题，既方便了广大游客，又宣传了西安深厚的历史文化，同时也盘活了文物资源，一举数得，功莫大焉。

中国唐史学会名誉会长、陕西师范大学历史文化学院教授 杜文玉

2023 年 3 月 10 日

前 言

《寻迹西安》是一本梳理西安重要文物保护单位的实用书。

西安是十三朝都会，拥有3000多年建城史，1000多年建都史，先后有西周、秦、西汉、新莽、东汉、西晋、前赵、前秦、后秦、西魏、北周、隋、唐在西安地区建都，对于中华民族影响巨大的汉代与唐代都定都于此，留下异常丰富的文物资源。截至2023年，国务院公布的八批全国重点文物保护单位（以下简称“国保”）中，西安市有58个；有陕西省级文物保护单位（下皆简称“省保”） 107个，西安市级文物保护单位（下皆简称“市保”） 60个（本数据参考西安市政府公布文件），区县级文保数百个（以地表竖立文保碑的为准）。

本书的主要内容按照文保类型分为五部分，分别对应古遗址、古墓葬、古建筑、石窟寺及石刻、近现代重要史迹及代表性建筑五个类别（西安国保中不包含“其他”类，故不列入），最后另外设置一部分为寻访路线规划。西安的文保中古遗址和古建筑两个类别数量最多。在每章节的综述中，我们对每章的文保类型进行了系统梳理，内容包括：数量统计（包含国、省、市/县、区等所有级别，分类、分级别统计数据）；该文保类型中所包含的各历史时间段文保点分析，分析中有数据、位置及特殊价值，内容以国保为主，兼含重要省保、市保；同时也分析现存文保保存状况并总结该类型文保对西安本地文化的映射。每个章节中的文保都按照时间顺序排列，由旧石器时期至近现代。同一历史时期的，按照重要程度和知名度等因素先后排列。

每处文保点的文字内容我们都进行了丰富的编排，虽然字数有限，我们还是将最精华的信息尽量呈现出来，这里面包含了文保点的历史沿革（时间、入保批次），文保结构、规格和组成部分（包含子项），相关拓展（相关人物、出土文物等）；同时还把文保点的服务信息包括文保点地理位置、开放时间、收费情况等也都编辑进来，方便大家出行前的规划（鉴于西安地区的很多文保点经常有维修和限时开放的情况，建议参考本书的同时也及时参考网络公布的开放信息）。

本书的亮点和精华是图片部分，我们在数以万计的美图中分类选取。除了特邀摄影师们的倾情呈现之外，还通过“华夏古迹图”文物古迹大数据平台和“华古平台”公众号进行了大规模征集。最终选取了51位摄影师的756张摄影作品。这些作品形式丰富，各具特色。每个文保的首图，我们基本都选用了航拍视角的照片，以方便读者对文保的整体结构有更清晰的把控；各个文保点的细节也尽量选取不同时间、不同角度的照片去体现；很多罕见的角度、难进的区域我们都尽可能地在书中呈现出来；地表遗存不多的文保，我们选取了其重要的出土文物图片进行信息链接，以丰富文保的整体呈现。除了照片，我们还为内容较为复杂、文保子项相对较多的文保进行了平面示意图绘制，更加清晰地展现文保平面布局的同时，还可以避免寻访途中错过其中的看点和细节。图中的各类标识都用不同颜色的图示展现，尽量用一幅图体现文保的各类看点。

名为“寻迹”，除了丰富的文字和图片资料，合理的串联线路也是本书的一个特色，本书在第六部分为西安设计了 29 条线路，通过这些线路，可以串联大部分西安行政区域内的文保。

西安是一个旅游城市，每年的游客数之不尽。如果您是一个对十三朝古都充满向往的游人，那么这本书里的丰富内容可以让你更深入更直观地了解它。如果您是一个西安人，那可能书中很多躲藏在深山乡间或城市巷角的文保，会让你不再“灯下黑”，渐渐明白最美的城市名片就在身边。如果您已经是一个资深的文保寻访者了，那这本书中一些新的视角和寻访方式，也会给你带来不一样的新鲜体验。

《寻迹西安》和整个“寻迹古都”系列的书一样，是一本“又小又大”的书，“小”在于它开本便携，装帧设计精致，像一个可以收藏的艺术品；“大”在于它内容丰富、详尽、实用，承载的是西安城市最精华最宝贵的精神和文化宝藏。

特别值得一提的是，我们还有与书配套的“华夏古迹图”网站、App 和小程序（扫描本书最后一页的二维码可以下载），您可以通过它随时随地了解更多的西安各级文物保护单位的各类信息，欣赏每个文保点更多的精选大片，查询每个文保点的历年变化；更可以一键导航到达心仪的文保点，并和其他古迹爱好者一样留下寻访心得和寻访建议。除了使用它，您还可以参与它，可以发现新的文保或反馈纠正错误的信息。这本书是一部共同创作的产物，“华夏古迹图”希望可以通过这本书，吸引更多文保爱好者参与进来，记录身边文保的变化，宣传文物保护理念，共同传播优秀的历史文化。

希望《寻迹西安》是一个引子，既可以吸引对历史文化感兴趣的人加入寻访西安古迹的“小圈子”；又可以引导正想游遍西安的文保爱好者们“不走冤枉路”；如果最终能引发大多数人对中国历史文化的足够关注，那就是我们最大的前进动力了。

目 录

第一章 古遗址

第二章 古墓葬

第三章
古建筑

第一章 古遗址

西安地区南有秦岭庇护，四周八水环绕，物产丰沛，适宜居住。无论是古文化遗址，还是都城文明遗址，西安地区的遗存都极为丰富。截至2021年的数据统计，西安地域内市级及以上的古遗址类文物保护单位数量为55个。其中，国家级文保21个，省级文保32个，市级文保2个。

这些文保中，史前时代的古遗址有21个。其中，旧石器时代的有2个，蓝田猿人遗址（国二）距今约80万年，说明西安很早就有了人类生息的痕迹。新石器时代中的半坡遗址（国一）、姜寨遗址（国四）、鱼化寨遗址（国七）、杨官寨遗址（国七）等都是仰韶文化的重要组成部分，是西安古代文明的曙光。

商周时代的古遗址有11个。此时的西安出现了都城文明的雏形，丰镐遗址（国一）称得上是中国历史上第一座有完整布局的城市，对其后历代的城市布局有深远的影响。栎阳城遗址（国五）是秦国早期都城遗址，见证了秦人“九都八迁”的历史。

秦汉时期的古遗址有8个。最负盛名的是壮阔恢宏的阿房宫（国一），其中的前殿遗址是中国古代最大的宫殿建筑基址。经考古验证，虽未建完即遭破坏，但大秦帝国的气魄依然能在硕大的夯土台基上得以窥见。汉长安城遗址（国一）是当时世界上最大都会的遗存，城内宫宇林立、气势磅礴。其中的未央宫、长乐宫、桂宫，城外的建章宫（国七）都结构严谨、布局开阔，是汉帝国强大国力的真实体现。

隋唐时期是西安历史上的又一高峰，这时期有古遗址9个，其中隋大兴唐长安城遗址（国四）、大明宫遗址（国一）、兴庆宫遗址（省二）和圜丘遗址（国七）等组成了唐代都城的辉煌盛况。城内建有3座宫城、108坊，还有东、西二市，无比繁荣。在骊山还有行宫——华清宫遗址（国四），开元盛世的爱情在这里书写。东渭桥遗址（国五）和灞桥遗址（国四）等作为交通要道，见证着京城南来北往的熙攘。即便今天仅存遗迹，我们仍可从中回望那个“香烟馥郁，箫鼓喧阗，灯火盈门，笙歌迭奏”的大唐。

宋元明清时期国家政治中心转移，但这时期的6个遗址也各有意义。其中，明秦王府城墙遗址（省四）的残垣还闪现着明代“天下第一藩封”的荣光。佛坪厅故城（省四）作为佛坪老县城，保存得十分完整。汤峪栈道遗址（省六）、泥峪石门遗址（省六）等古道作为古代西安的门户还讲述着长安曾经的繁华。

蓝田猿人遗址

可怜先不异枝蔓，蓝田丘壑漫寒藤。

蓝田猿人遗址区（成英文/摄）

地　　址	蓝田县公王岭（博物馆）和陈家窝村两地
开放时间	09:00—17:00（周一博物馆闭馆）
收费情况	免费
路线推荐	参考线路 26（P666）

蓝田猿人遗址是中国直立人化石及旧石器时代早期文化遗物出土地点。

1963 年在蓝田县陈家窝村发现了一个完好的猿人下颌骨化石，1964 年在公王岭村发现残破的猿人头骨、上颌骨及一些牙齿化石。1979 年在公王岭建立了蓝田猿人遗址保管所、陈列所。1982 年公布为第二批全国重点文物保护单位。2012 年，遗址陈列所更名为蓝田猿人遗址博物馆并对外开放。

发掘地点黄土剖面（刘远航/摄）

蓝田猿人化石均发现于第四纪更新世中期红色土层中，属于旧石器时代初期。经研究，公王岭猿人化石是一个 30 多岁的女性个体，距今约 80 万年。陈家窝猿人化石为一老年个体，其年代比公王岭个体稍晚，距今约 65 万年。两者形态大体相当，故均归入蓝田猿人一类。蓝田猿人的体质形态表现出眉骨粗壮、前额低平、骨壁很厚、头骨高度较小、牙齿较大、脑量较小（约 780 毫升）等特点。这些特点都显示出其比北京猿人原始。

蓝田猿人同一地层出土的第四纪哺乳动物化石相当丰富，表明蓝田猿人的生活环境是气候比较温暖、湿润的森林草原地带。在陈家窝、公王岭及其附近发现与蓝田猿人同时的旧石器地点有 13 处之多，出土石器种类有刮削器、尖状器、盘状器、石片、石核等。这批石器的特点是制作粗糙、修制技术较差，有第二步加工的较少。

头骨出土处（成英文 / 摄）

蓝田猿人复原胸像（王腾 / 摄）

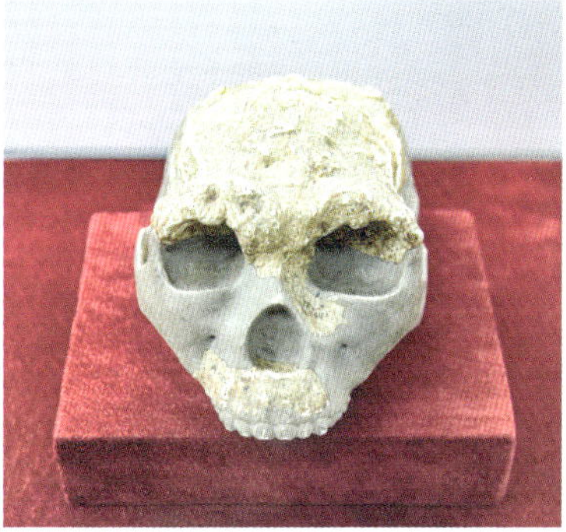

头盖骨化石（复制品）（成英文 / 摄）

半坡遗址

遗踪余址杳何处，栋摧础断埋空山。

半坡遗址（成英文 / 摄）

地　　址	灞桥区半坡路 155 号
开放时间	08:00—17:00
收费情况	收费
路线推荐	参考线路 14（P642）

半坡遗址属新石器时代仰韶文化，距今6000—6700年，是一处典型的母系氏族公社时期聚落遗址。因遗址发掘，而有仰韶文化半坡类型之名，与同时期的庙底沟类型并列，推动了中国新石器时代考古学的研究与发展。

遗址于1953年被发现。1954—1957年进行了五次发掘，揭露面积约10000平方米。1958年建成西安半坡博物馆并开放。1961年公布为第一批全国重点文物保护单位。

房屋遗址（成英文 / 摄）

圆形房屋遗址（筱溪听泉 / 摄）

瓮棺群（筱溪听泉 / 摄）

遗址区墓葬（成英文 / 摄）

遗址呈南北较长、东西较宽的不规则圆形，可分为居住区、墓葬区和制陶区三个部分。已发掘的居住区北部共发现房址 46 座、圈栏 2 座、窖穴 200 多个、儿童瓮棺葬 73 座。房址的形状多为圆形，少数为方形，分半地穴和平地起建两种。门多向南开，房内有灶坑、柱子。居住面和壁面均用草泥涂抹，圆形房屋则用木骨泥墙，部分经火烧烤以防潮。圈栏、地窖和瓮棺葬均分布在房屋附近，居住区外围绕有防卫沟。沟外以北为氏族公共墓地，已发现 176 座成人墓，多为单人仰身直肢葬。沟之东北为制陶区，发现陶窑 6 座。

出土遗物约 1 万件。生产工具中以骨鱼钩和骨针最为精美，可知当时的生产活动是以农业为主，渔猎和家畜饲养为辅的原始经济形态。生活用具主要是陶器，陶色主要是红色。纹饰有人面、鱼、鹿、植物及三角形等几何图案。还有骨、蚌等制成的装饰品。

出土的红陶双耳尖底瓶（吃土君 / 摄）

出土的鹿纹陶盆（筱溪听泉 / 摄）

出土的骨鱼钩（王腾 / 摄）

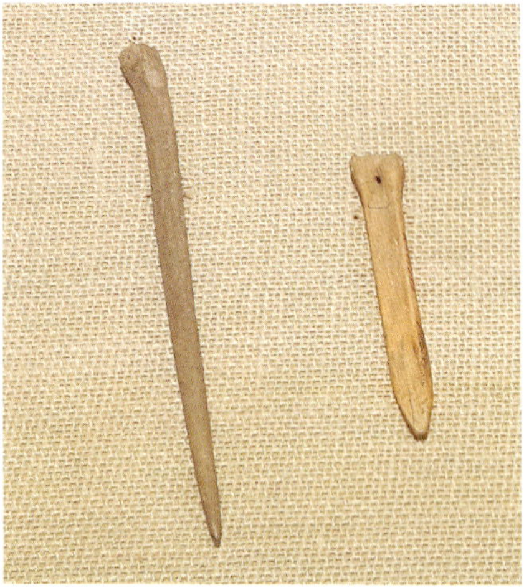

出土的骨针（王腾 / 摄）

出土的人面鱼纹彩陶盆（王腾/摄）

出土的人面鱼纹彩陶盆，内壁以黑彩绘出两组对称人面鱼纹。人面呈圆形，头顶有类似发髻的尖状物和鱼鳍形装饰。嘴巴左右两侧分置一条变形鱼纹，鱼头与人嘴外廓重合，似乎是口内同时衔着两条大鱼。人面双耳部位也有相对的两条小鱼分置左右，从而构成形象奇特的人鱼合体。2013 年 1 月列入《第三批禁止出国（境）展览文物》。现收藏于中国国家博物馆。

姜寨遗址

四营分创因遗址，百堵周围列聚庐。

姜寨遗址区（成英文 / 摄）

地　址	临潼区人民北路中段
开放时间	全天
收费情况	免费
路线推荐	参考线路 12（P640）

姜寨遗址是仰韶文化早期布局完整清晰的村落遗址，距今约 6700 年，时间跨越 2000 多年。因其清晰的地层关系，为研究关中地区仰韶文化的发展序列提供了重要依据。

遗址于 1972 年由当地农民在农田基本建设时发现。1972—1979 年，经过 11 次大规模发掘，发现了大批的遗迹和遗物。1996 年公布为第四批全国重点文物保护单位。现已回填，对外开放。

遗址堆积从下到上可分为五期，即仰韶文化半坡类型、史家类型、庙底沟类型、西王村类型和客省庄二期文化。五期都有明确的地层叠压关系，第一期仰韶文化半坡类型原始聚落遗址保存最好，分为居住区、窑场和墓地三大部分。居住区西南临河，东南北三面有人工壕沟环绕，呈椭圆形。内有中心广场，周围分布着100多座房子，分为五群。均以一座大房子为主体，附近分布10—20座中小型房屋，门均朝向中心广场。房屋附近分布有地窖群、家畜圈栏、道路及儿童瓮棺葬等。窑场在村西临河岸边。村东、北壕沟外为墓葬区，分布有五组建筑群和五片公共墓地，推测为五个氏族组成的较小部落居民群体。

鱼鸟纹彩陶葫芦瓶（曹乃木/摄）

出土各类遗物约一万多件，其中以彩陶内壁饰有对称的鱼、蛙和人面纹者为最佳。部分陶器上发现有刻画符号，共38种120多个标本，其中少数是首次发现。还出土有陶埙，均可吹出两个以上不同频率的音乐。

迄今发现最早的一套完整的绘画用具，由石砚、研磨棒、颜料、石盖及陶杯组成（王腾 / 摄）

出土陶器上的符号（吃土君 / 摄）

出土的陶埙（王腾 / 摄）

康家遗址

临潼古迹得纵观，星火荧煌曜川泽。

康家遗址区（拜罗依特 / 摄）

地　址	临潼区相桥街道康家村
开放时间	全天
收费情况	免费
路线推荐	参考线路 16（P646）

康家遗址属客省庄二期文化，距今约 4000—6000 年，是陕西境内规模较大、保存较好的龙山文化聚落遗址。

遗址于 1973 年发现；1981—1984 年试掘；1985—1990 年对该遗址先后进行了 8 次发掘，揭露面积 3000 多平方米，发现的遗迹、遗物异常丰富。2001 年公布为第五批全国重点文物保护单位。现已回填，对外开放。

出土的陶盉（曹乃木 / 摄）

出土的陶罐（曹乃木 / 摄）

出土的折肩罐（曹乃木 / 摄）

遗址发现房址300多座，灰坑40多个，陶窑若干个及零星墓葬等重要的遗迹。房屋分布很有规律，大体呈东北—西南分布，每排房址分成数组，每组少则三五间，多者可达十多间，相邻的房屋共用一墙。房址分半地穴式和地面起建两种，其平面形状多为长方形。房内的墙壁和居住面采用白石灰涂抹，多数房内中部有圆形灶面，有的灶面中间镶埋有火种罐。房屋的门道大都朝南偏东，门外有一片小院落，有的院落旁有地窖分布。地窖多为圆形袋状，容积较大，深多在2米以上。

已发现的生产工具和生活用具均具龙山文化的特征。石器和骨器形状规整，磨制精细，技术先进。陶器以夹砂灰陶为主，纹饰以绳纹居多，篮纹次之；普遍采用轮制。器形有鬲、罐、瓮、斝、盉、鬶、甑、豆、盘、杯、纺轮、陶球等。

出土的器盖（曹乃木 / 摄）

出土的单把鬲（曹乃木 / 摄）

出土的双耳陶罐（曹乃木 / 摄）

鱼化寨遗址

西寨烟深晴后色，春去秋来瞬息间。

鱼化寨遗址区（成英文 / 摄）

地　　址	雁塔区科技西路 1301 号西安外事学院北校区内
开放时间	暂不开放
收费情况	无
路线推荐	参考线路 11（P638）

鱼化寨遗址是一处内涵丰富、保存较完好的仰韶文化聚落遗址。据考古钻探、发掘及整理结果分析，该遗址以仰韶文化半坡类型即仰韶文化早期为主，个别遗迹单位晚至仰韶文化西王村类型，距今约6000年。

1937年遗址首次被调查；1945年和1953年又对遗址做了进一步调查了解；2002—2005年，对遗址进行了全面勘探和重点发掘，获得了大批史前时期遗存，其中以仰韶文化遗存最为丰富。2013年公布为第七批全国重点文物保护单位。现已回填，建成公园，暂不对外开放。

出土的红陶双耳尖底瓶（曹乃木 / 摄）

遗址共发现房址 107 座、灰坑 251 座、灶址 29 座、窑址 1 座、壕沟 2 条、墓葬 137 座。仰韶文化早期房址结构包括半地穴式和地面式，平面形状包括圆角方形、圆形、椭圆形、梯形及不规则形。灶址均为浅穴式，平面形状有圆形、椭圆形、圆角方形、梯形等，部分灶址周缘有灶圈。

遗址出土了大量的陶、石、玉、骨、蚌、角器。其中，仰韶文化早期的陶器以泥质陶为主，颜色以红色为主。纹饰有绳纹、线纹、弦纹和极少量的席纹、布纹等。彩陶基本为黑彩，装饰图案以各种类型的鱼纹为主。陶器制法均为手制，泥条盘筑痕迹明显，部分陶器的口沿、器表可见慢轮修整痕迹。

出土的剔刺纹红陶罐（曹乃木 / 摄）

出土的陶器盖（曹乃木 / 摄）

出土的陶锉（曹乃木 / 摄）

杨官寨遗址

日华动泾渭，天翠合岐梁。

杨官寨遗址区（贺兰鹣鹳 / 摄）

地　　址	高陵区姬家街道杨官寨村
开放时间	不开放
收费情况	无
路线推荐	参考线路 22（P658）

遗址墓葬区（贺兰鹕鹳 / 摄）

杨官寨遗址是关中地区仰韶中晚期的一处特大型中心聚落遗址，也是国内目前所知庙底沟时期唯一一个发现有完整环壕的聚落遗址，文化堆积主要属庙底沟文化遗存和半坡四期文化遗存。

2003 年进行考古调查时首次发现该遗址。2004 年开始，考古人员分南、北区对其进行了系统考古发掘，其发现入选“2008 年度全国十大考古新发现”。2013 年公布为第七批全国重点文物保护单位。2016—2017 年，又对遗址东北部开展了针对性考古发掘，其发现入选“2017 年度全国十大考古新发现”。现仍在考古，不对外开放。

出土的浮雕蛙纹陶釜（曹乃木 / 摄）

出土的浮雕人面饰残陶器（曹乃木 / 摄）

浮雕猪面残环（王腾 / 摄）

前期发掘的遗址南、北区发现各类房址57座、灰坑875个、陶窑21个、瓮棺葬43个。有成排分布的房址和陶窑，房址平面呈吕字形的前后室结构，前室一般是地面式，后室则为窑洞式。这是目前所知关中地区最早的窑洞式建筑群。同时发现了聚落环濠，其西部还发现门址1处。后期发掘的墓地共发现343座墓葬，是国内首次确认的庙底沟文化大型成人墓地。墓葬规格相近，均为小型墓，开口平面皆呈长方形。方向均为东西向，且墓葬间未见任何打破关系。墓葬形制分洞室墓和竖穴土坑墓两类。

前期发掘遗址出土大量陶器、石器、骨器和蚌器等。其中，镂空人面覆盆形器、动物纹彩陶盆、涂朱砂的人面塑残陶器等均为国内同时期遗址中所罕见，现藏于陕西考古博物馆。

出土的浮雕人面像残陶器（曹乃木 / 摄）

出土的镂空人面覆盆形器（曹乃木 / 摄）

老牛坡遗址

莺啭灞东百草新，殷商遗迹在荒榛。

老牛坡遗址区（贺兰鹈鹕 / 摄）

地　　址	灞桥区洪庆街道燎原村北
开放时间	全天
收费情况	免费
路线推荐	参考线路 13（P641）

老牛坡遗址是目前陕西发现的规模最大的一处商代遗址，遗址共有四个阶段的文化遗存，即仰韶文化、陕西龙山文化、相当于夏代的老牛坡类型文化及商代文化，其中以商代文化为主。商代文化大体可分为两段五期，其中晚期阶段三、四期是老牛坡商代文化发展的鼎盛时期。

1972 年遗址区发现窖藏铜器 12 件、陶器 2 件。1978 年发现有随葬铜器和陶器的墓葬一座。1985—1989 年对该遗址进行了六次大规模的考古发掘，发现了大量遗迹遗物。2001 年公布为第五批全国重点文物保护单位。现已回填，对外开放。

出土的雷纹铜鼎（贺兰鹈鹕 / 摄）

遗址区内的商代文化遗存相当丰富，已发现的主要遗存有大型夯土基址、房屋、冶铜遗迹、烧陶窑址、灰坑、墓葬及车马坑等。第一号夯土基址面积较大，呈南北向，其上残存房基三座，与中原地区的商代建筑存在很大区别，呈现出不同风格，反而与陕西地区的西周建筑相似。冶铜遗迹中发现青铜冶铸残渣，可见其已有了发达的制铜业。后期发掘商代墓葬 22 座，以长方形竖穴土坑墓为主。

出土遗物有陶器、青铜器、玉石器、骨器、蚌器和卜骨等，现藏于陕西考古博物馆。

出土的石璧（曹乃木 / 摄）

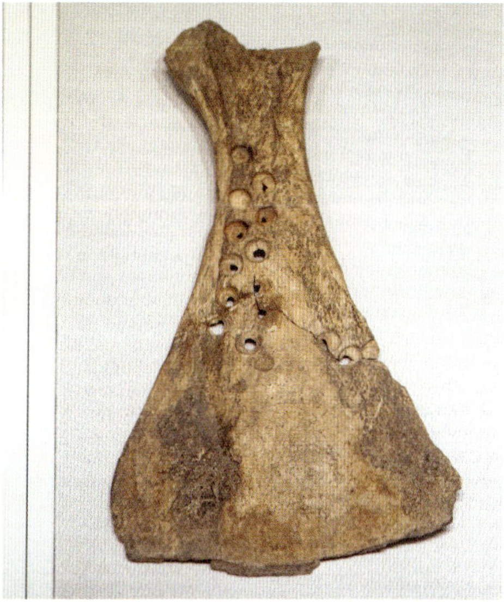

出土的卜骨（王腾 / 摄）

出土的骨簇和角簇（王腾 / 摄）

出土的陶鬲（曹乃木 / 摄）

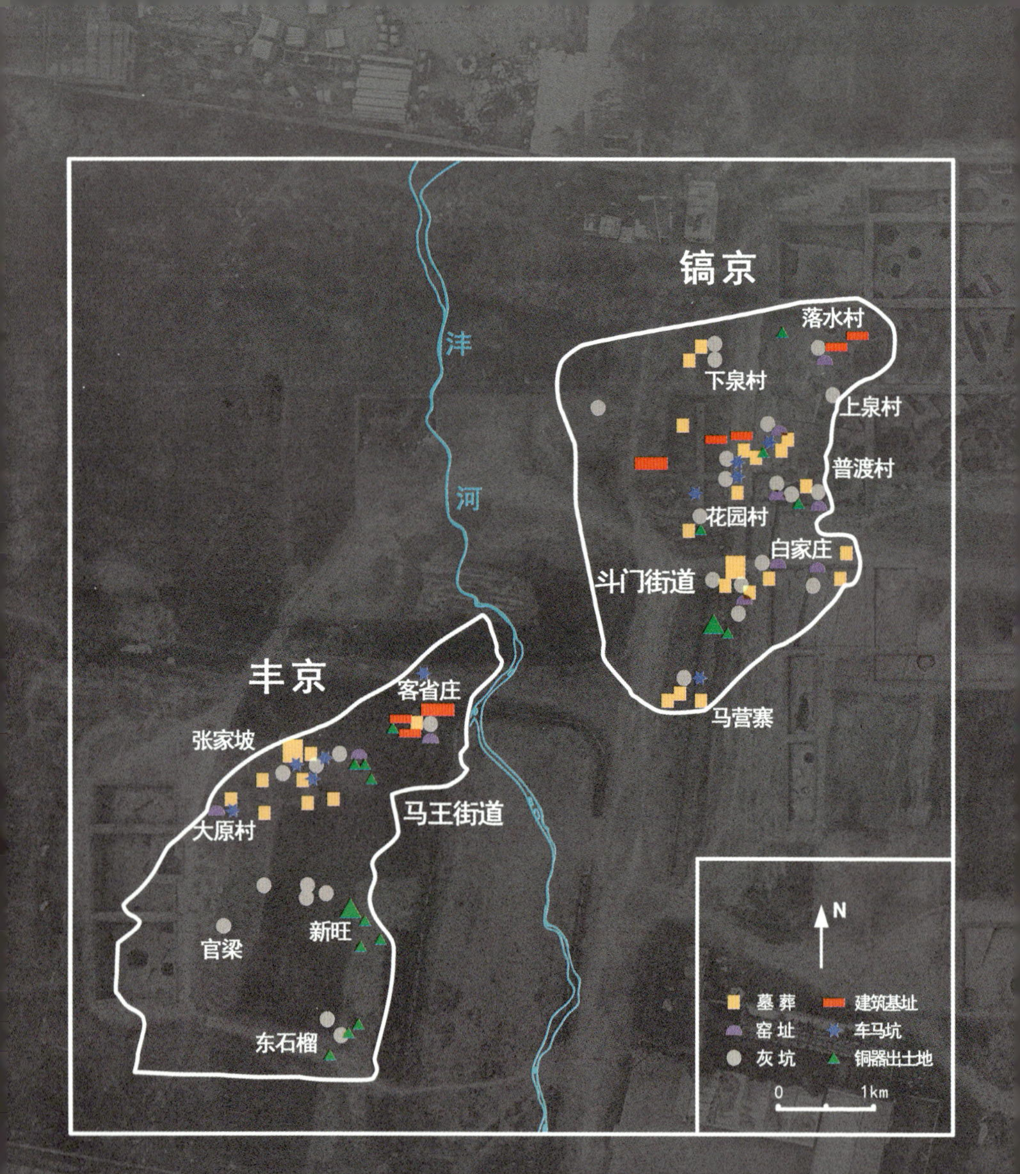

● 丰镐遗址遗存分布示意图

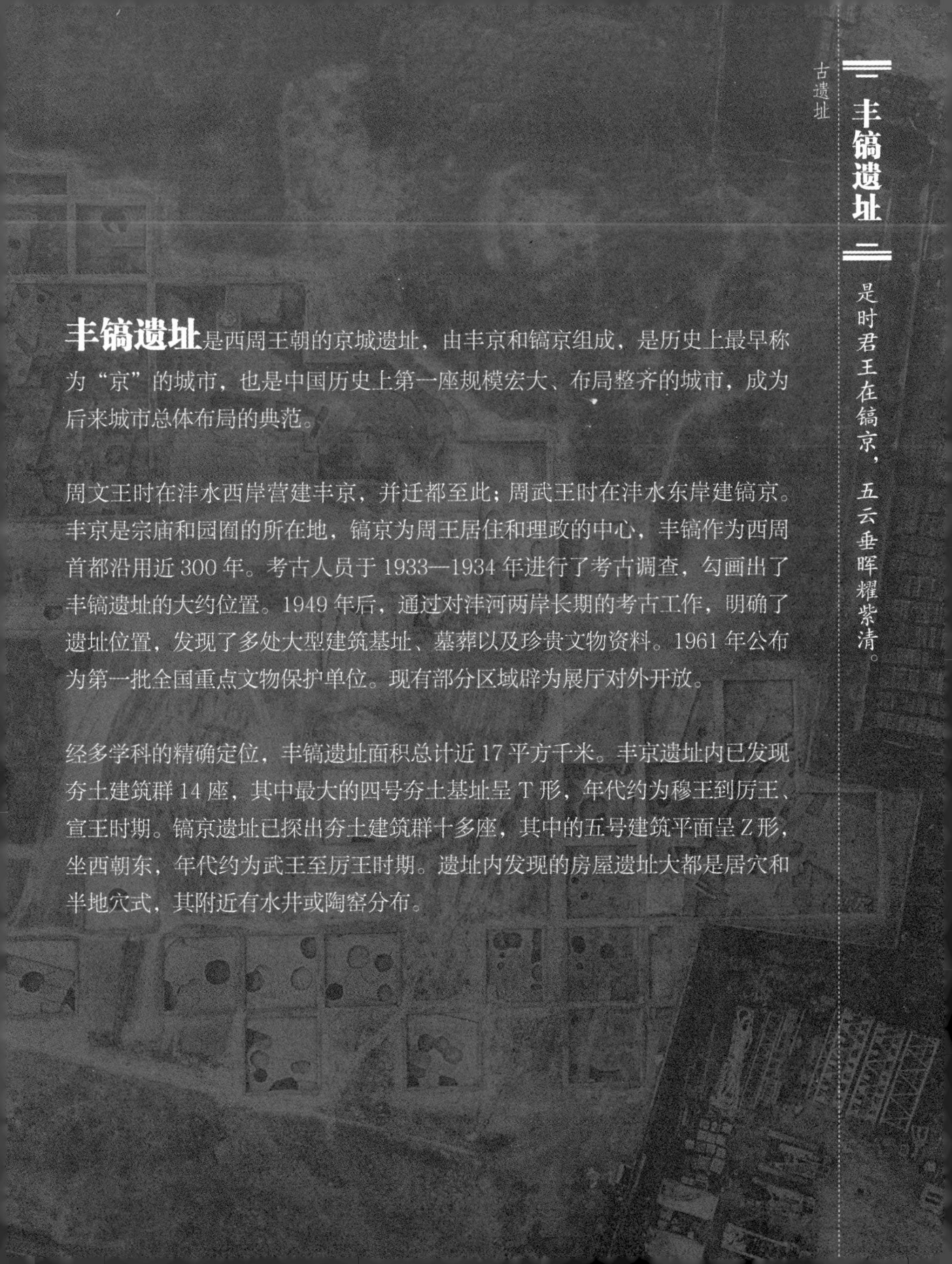

丰镐遗址

是时君王在镐京，五云垂晖耀紫清。

丰镐遗址是西周王朝的京城遗址，由丰京和镐京组成，是历史上最早称为“京”的城市，也是中国历史上第一座规模宏大、布局整齐的城市，成为后来城市总体布局的典范。

周文王时在沣水西岸营建丰京，并迁都至此；周武王时在沣水东岸建镐京。丰京是宗庙和园囿的所在地，镐京为周王居住和理政的中心，丰镐作为西周首都沿用近300年。考古人员于1933—1934年进行了考古调查，勾画出了丰镐遗址的大约位置。1949年后，通过对沣河两岸长期的考古工作，明确了遗址位置，发现了多处大型建筑基址、墓葬以及珍贵文物资料。1961年公布为第一批全国重点文物保护单位。现有部分区域辟为展厅对外开放。

经多学科的精确定位，丰镐遗址面积总计近17平方千米。丰京遗址内已发现夯土建筑群14座，其中最大的四号夯土基址呈T形，年代约为穆王到厉王、宣王时期。镐京遗址已探出夯土建筑群十多座，其中的五号建筑平面呈Z形，坐西朝东，年代约为武王至厉王时期。遗址内发现的房屋遗址大都是居穴和半地穴式，其附近有水井或陶窑分布。

遗址区考古现场（成英文 / 摄）

遗址区所在斗门镇（成英文 / 摄）

出土的板瓦（曹乃木 / 摄）

出土的勾连云雷纹大鼎（吃土君 / 摄）

遗址内有窖藏和零散青铜器出土，重要者有 1961 年出土的一窖青铜器 53 件，有铭文者 32 件；1980 年发现重达 54 公斤的大鼎、史惠鼎、多友鼎等。遗址范围内还有数以千计的西周墓葬，以大中型墓为中心，组成家族墓地。如张家坡井叔家族墓地，已发掘 390 座，其中，157 号墓是迄今为止在丰镐遗址所见的最大的西周墓葬。遗址还发掘了十几处西周车马坑，以张家坡的几处保存最为完整。

卫簋铭文（吃土君 / 摄）

出土的卫簋（吃土君 / 摄）

沣西车马坑（筱溪听泉 / 摄）

沣西车马坑

沣西车马坑是西周初年成王、康王时期墓葬的车马殉葬坑。因位于沣河西岸，故名。车马坑的人殉史实，为研究西周社会历史和经济结构提供了宝贵的资料，具有极高的历史、考古价值。

1955—1957 年，考古人员在该地区进行考古勘查中发现车马坑，并进行了发掘。1972 年在遗址上修建了保护厅，对保存最完整的二号车马坑进行了修复展示。1981 年在此成立西安市丰镐遗址保管所。1994 年又在遗址上修建了丰镐遗址陈列室，对外开放。

沣西车马坑为长方形，坑内埋着两辆车、六匹马和一个殉人。两车南北并列，车辕向东，一辆为作战用的戎车，另一辆为乘坐用的轺车。车体为木质，车轮并列向东，车厢为长方形，各有车辕一根，马驾则位于车辕的两侧。马身装饰有铜制饰品，马头上戴有兽面银饰。银饰制作精细，兽面浓眉圆眼，青面獠牙。两驾车马排列整齐，显然是用某种方法处死后由人摆置而成的殉葬物。殉人骨架压在一号车的车厢底，头向南，推测是俯身葬。

地　址	长安区马王街道张家坡村	收费情况	免费
开放时间	09:00—16:00（需预约）	路线推荐	参考线路 21（P656）

马头部配饰（林赵成 / 摄）

栎阳城遗址

秦楼鸳瓦汉宫盘，紫府程遥碧落宽。

栎阳城遗址考古现场（冯宝辉 / 摄）

地　址	阎良区新兴街道新兴中心小学旁
开放时间	09:30—18:00
收费情况	免费
路线推荐	参考线路 16（P646）

栎阳城遗址是秦代早期都城遗址。

秦献公二年（前 383），秦献公自雍城迁都栎阳；秦末栎阳为塞王司马欣的都城；汉初刘邦曾定都栎阳，高祖七年（前 200）迁都长安后，太上皇留居栎阳。东汉建武二年（26），废栎阳县入万年县，栎阳城逐渐废弃。1964 年曾对其进行考古调查；1980—1981 年，经考古确定了南墙和西墙，并发现大量建筑遗迹。2001 年公布为第五批全国重点文物保护单位。2013 年再次进行考古，确定了叠压的三座古城以及多座大型宫殿建筑遗址。2021 年建成考古展示厅，对外开放。

遗址区现状（筱溪听泉 / 摄）

1980 年勘探的一号城址城区平面呈长方形。南、西城墙夯层清晰；东、北墙已遭破坏。南墙有城门一座，西墙两座。城内有夯筑基址七处、作坊等遗址 15 处。城外为墓葬区。2013 年发现二号城址和三号城址，推测三号城址为战国秦都栎阳。已经勘探出前、后两期北墙、西墙，城内发现四处大型夯土台基。一号建筑推测为手工业生产区。三号建筑台基内有半地下建筑。四号、五号建筑中发现浴室及地漏管道、渗井等排水设施，是中国目前发现最早最完备的王室洗浴设施。四号建筑北侧清理出两两成对的四个大灶，应是王室的厨房建筑设施。

栎阳城遗址展示（拜罗依特 / 摄）

出土文物有金饼、铜镜、石范、铺地砖、空心砖、瓦当、陶水管等。其中，长 73 厘米、直径 63 厘米的筒瓦为中国考古发现之最。

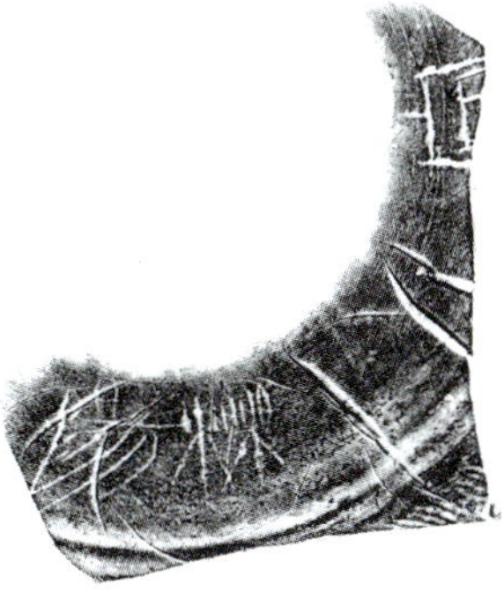

“栎阳宫”陶文拓片

遗址区发掘的渗井（拜罗依特 / 摄）

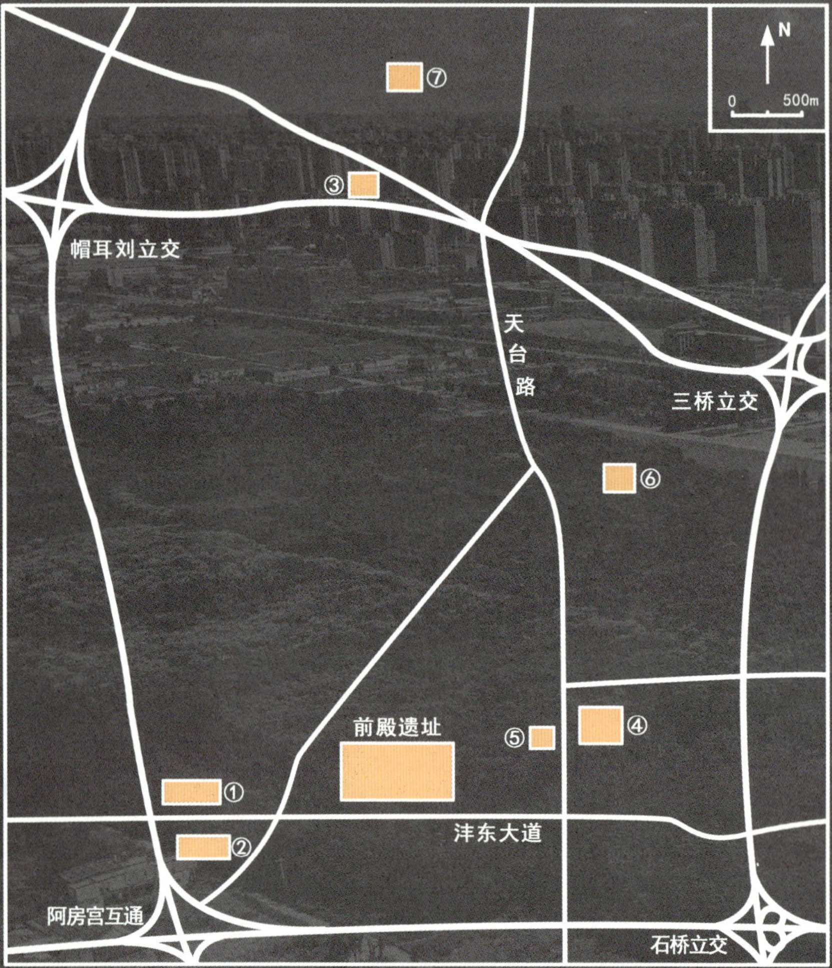

①上林苑一号建筑遗址（纪阳寨遗址） ②上林苑二号建筑遗址（烽火台遗址）
③上林苑三号建筑遗址（后卫寨遗址） ④上林苑四号建筑遗址（上天台遗址）
⑤上林苑五号建筑遗址 ⑥上林苑六号建筑遗址（磁石门遗址）
⑦上林苑七号建筑遗址（好汉庙遗址）

● 阿房宫现存遗址分布示意图

阿房宫遗址

歌台暖响，春光融融；朝歌夜弦，尽态极妍。

阿房宫是秦始皇在渭河南岸上林苑中拟建的一座宫殿。遗址包含阿房宫前殿遗址及秦上林苑建筑遗址群，是春秋、战国及封建社会早期重要的大型园林、宫殿建筑群遗址。

阿房宫遗址区的建筑始建于秦惠文王时期（前 337—前 311）。文献记载秦始皇兼并六国后，因咸阳宫狭小，遂于秦始皇三十五年（前 212）兴建阿房宫。宫殿未完全建成即被毁。残余建筑因在汉上林苑的范围之内，得到改造扩建。前殿建筑因有围墙被称为“阿城”，至隋朝末年，李世民曾屯兵于此，后逐步夷为农田。20 世纪 50—80 年代，考古工作人员对阿房宫遗址进行过多次调查和试掘，探明了遗址范围。1961 年公布为第一批全国重点文物保护单位。2002—2007 年阿房宫考古队通过详尽的勘查和发掘，基本搞清了阿房宫的规模、布局。

遗址区总面积约 8 平方千米，现存夯土台基或遗址 19 处，重要的有：前殿遗址、上林苑一号建筑遗址（纪阳寨遗址）、上林苑二号建筑遗址（烽火台遗址）、上林苑三号建筑遗址（后卫寨遗址）、上林苑四号建筑遗址（上天台遗址）、上林苑五号建筑遗址、上林苑六号建筑遗址（磁石门遗址）、上林苑七号建筑遗址（好汉庙遗址）等。也有学者认为，上林苑建筑遗址与阿房宫无关，本书以地面设置文保碑的遗址点为参考依据。

阿房宫遗址雪景（苟秉宸 / 摄）

阿房宫前殿遗址（成英文 / 摄）

地　　址	未央区沣东大道阿房宫考古遗址公园内
开放时间	全天
收费情况	免费
路线推荐	参考线路 21（P656）

前殿遗址

前殿是阿房宫的主体建筑，其遗址也是目前已知的中国古代最大宫殿建筑基址。

遗址平面呈长方形，东西宽1270米，南北长426米，现存高12米（从秦代地面算起），面积约54万平方米。台基均为夯筑，夯层清晰。台面南低北高，为了加强台基的稳固性，台基的西、北、东边缘自外向里收缩，形成二三个台面，北部较为明显。夯土台基上面西、北、东三面已有夯筑土墙，墙顶部有瓦的铺设；夯土台基上面没有建筑南墙。

阿房宫遗址夯土现状（北极熊 / 摄）

遗址夯土现状（成英文 / 摄）

出土文物有铺地砖、拦边砖、板瓦、筒瓦、瓦当和陶水管道等建筑材料，以及陶釜、陶盆等生活用品。其中，以1964年出土的秦高奴禾石铜权（藏于陕西历史博物馆）和1976年出土的秦云纹高足玉杯（藏于西安博物院）最为珍贵。

出土的秦云纹高足玉杯（吃土君 / 摄）

出土的秦高奴禾石铜权（曹乃木 / 摄）

上林苑三号建筑遗址（成英文 / 摄）

上林苑三号建筑遗址

遗址位于阿房宫前殿遗址北 3800 米，是一座高台建筑遗址，又称后卫寨遗址。遗址已遭破坏，建筑仅残留北部一小部分。其建筑时间比前殿遗址早，为战国时期秦国修建的上林苑中的建筑，后为阿房宫至汉代沿用，毁于西汉末年。现已建成遗址公园，对外开放。

地　址	西咸新区沣东新城后卫寨地铁站西
开放时间	全天
收费情况	免费
路线推荐	参考线路 2（P623）

遗址现状（成英文/摄）

遗址下部为夯土台基，上部为建筑物。下部夯土台基现存东西长 84 米，南北长 92 米，厚约 2 米。台基西北部存一被扰动过的础石。上部建筑仅存西北部，现存通高 7 米。分为底部、中部、顶部三层建筑。底部建筑无存，现存基址东西最大长度 54 米，南北最大长度 42 米。中部建筑现存基址东西最大长度 24 米，南北最大长度 28 米，其上残存部分廊房遗迹。北部廊房进深 5.1 米，其南壁尚存一壁柱痕迹，壁柱北存一明柱础石。倒塌堆积中发现朱红地面残块，墙皮残块中还发现了壁画痕迹。顶部建筑无存，现存基址东西最大长度 19 米，南北最大长度 21 米。

遗址出土了大量战国时期制作粗糙的板瓦片、筒瓦片、绳纹铺砖和山形云纹及素面的半瓦当。中部建筑倒塌堆积中还出土了西汉五铢钱。从倒塌堆积内大量红烧土、熘渣及瓦片被烧成红色等现象来看，该遗址应是毁于大火。

上林苑四号建筑遗址（成英文 / 摄）

上林苑四号建筑遗址

遗址位于阿房宫前殿遗址东 500 米，是一处以高台宫殿建筑为核心的宫殿建筑群，又称上天台遗址。核心宫殿建筑群建筑时间比前殿遗址早，为战国时期秦国修建的上林苑中的建筑，后为阿房宫至汉代沿用。现已建成遗址公园，对外开放。

遗址中部偏西为高台建筑，其东面、北面、西面均有附属建筑，而南面和东南面为池沼遗迹。

高台建筑下部为夯土台基，上部为宫殿建筑。上部宫殿建筑分为三层。底部建筑无存；中部建筑基址仅存南沿廊房建筑的一个明柱花岗岩础石；顶部建筑无存。

地　址	西咸新区沣东新城三桥街道天台路
开放时间	全天
收费情况	免费
路线推荐	参考线路 21（P656）

遗址现状（筱溪听泉 / 摄）

高台宫殿建筑遗迹东侧发掘出了两组排水管道。东组排水管道水流方向自北向南，由东西两条水管道并列铺设组成。西组排水管道水流方向自南向北流、后西折、再向北流，由一条水管道铺设而成，水道所用水管较为粗大。

高台宫殿建筑北面有附属宫殿建筑基址，基址南侧有封闭廊道，其南侧有开放式廊道，自北向南呈 5 度坡状，上面存有密集小方格铺砖。通道基址东侧北部有上殿坡道，其北端还有登殿台阶结构。

遗址出土了表面为细密交错绳纹的板瓦片，表面为细绳纹、内面为麻点纹、泥条盘筑痕迹显著的筒瓦片等建筑材料和少量货币、铁钉等。从发掘资料来看，高台宫殿遗址曾遭遇大火。

东马坊遗址

一上高城万里愁，蝉鸣黄叶汉宫秋。

东马坊遗址（成英文/摄）

地　址	长安区高桥街道丰邑大道旁
开放时间	全天
收费情况	免费
路线推荐	参考线路 21（P656）

东马坊遗址是一处战国至西汉的高等级建筑遗址，是迄今为止渭河以南发现的最大规模的秦人城址。经考古推测为秦末项羽所封雍王章邯的都城“废丘”，废丘的前身为秦非子所居、西周懿王之都“犬丘”。

遗迹始建于战国中期，沿用至西汉。遗址发现于2016年，考古人员在遗址区钻探发现了一些灰坑、水井、陶窑等遗迹。2018年进行了抢救性发掘，发现大量遗存。2019年公布为第八批全国重点文物保护单位。现已回填，对外开放。

遗址现状（成英文 / 摄）

遗址中的瓦罐层（卞润梓 / 摄）

“灋（法）丘公”拓片

遗址内分布大量夯土建筑遗存，发现夯土建筑基址 3 处、水井 22 口、灶 15 座、灰坑 70 处、墓葬 1 座。22 口水井中，战国秦汉时期的有 15 口，唐宋时期的有 7 口。通过更大范围的考古勘探，发现了遗址的环壕遗存。确定在一号建筑西面 320 米处有一条南北向填满淤泥的壕沟，北面向北 347 米、东面向东 497 米处均发现大面积淤泥。说明遗址周围曾经有水面存在，与“水灌废丘”的文献记载相符。

遗址出土大量筒瓦、板瓦、瓦当、空心砖等建筑材料，有“左宫”“右宫”“大匠”等戳印陶文。“宫司空”“大匠”均为秦汉负责大型宫殿营建的主要职官名称，以往仅在阿房宫遗址、徐家湾遗址发现，说明该建筑等级很高。出土陶罐有“灋（法）丘公”三字，灋（法）丘即废丘。

考古探沟中的地层（卞润梓 / 摄）

西峪遗址

宫车声远翠幌幽，珠帘闲却珊瑚钩。

西峪遗址（刘东 / 摄）

地址	周至县竹峪镇西峪村西南
开放时间	全天
收费情况	免费
路线推荐	参考线路 27（P668）

西峪遗址区现状（成英文 / 摄）

西峪遗址是秦汉时期宫殿建筑遗址，其核心城址推测为离宫，是高等级的建筑遗址。

2009 年考古人员对遗址进行了勘察，发现大型遗迹。2013 年公布为第七批全国重点文物保护单位。2015 年，考古人员又进行了勘察，明确了其核心区域的面积。经勘察，遗址区的遗物涵盖新石器时期仰韶文化至秦汉时期，其中以秦汉时期的最为丰富。现为野外开放状态。

遗址有大型夯土建筑基址三处，夯土密实。在遗址东部沿竹峪沟断崖处发现现存长约 300 米、高约 2 米的城墙一段，城墙系分层夯筑而成，极为坚硬，夯土内夹杂有细碎的陶片、石块等。遗存还有鹅卵石铺设的散水、柱础、陶水管道等。

遗址范围内收集到大量汉代瓦当、筒瓦、方砖等文物。遗址的西南方向还发现有大量红烧土块和较厚的瓦片堆积层。

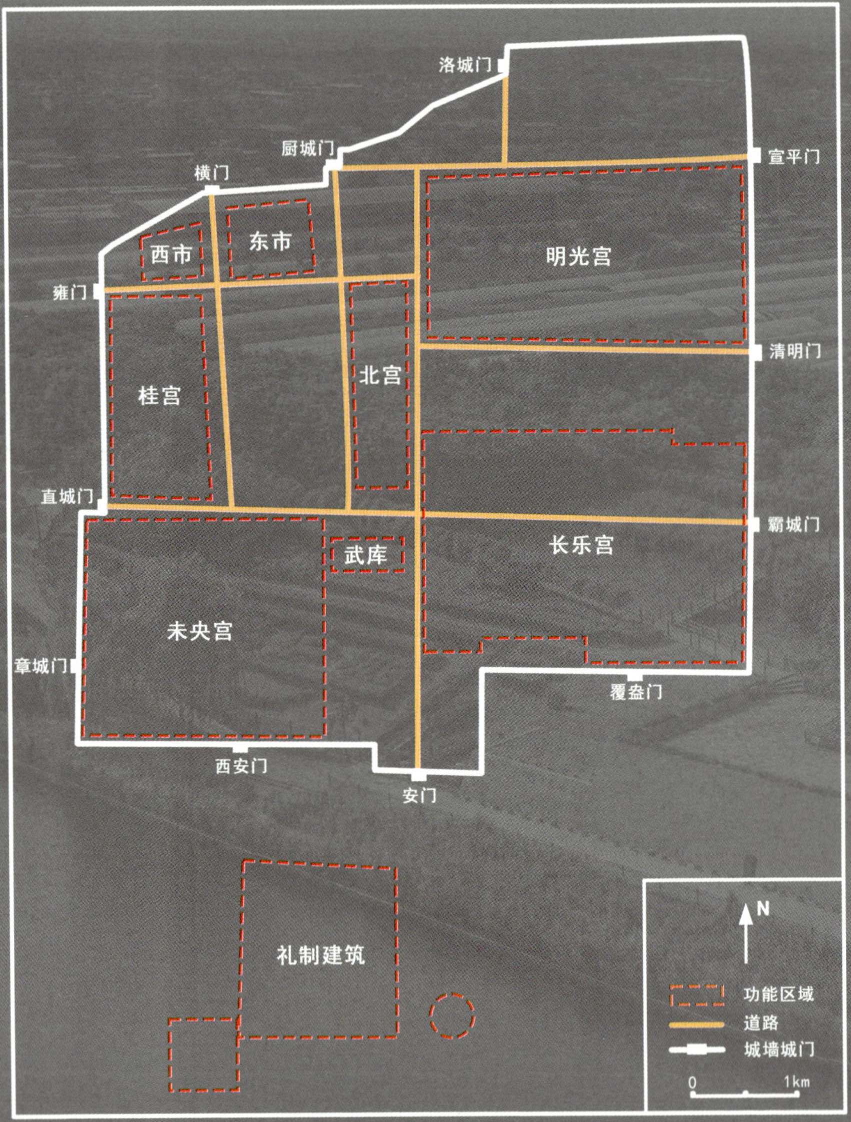
洛城门
厨城门
宣平门
横门
西市
东市
明光宫
雍门
清明门
北宫
桂宫
直城门
霸城门
武库
长乐宫
未央宫
章城门
覆盎门
西安门
安门
礼制建筑
N
功能区域
道路
城墙城门
0
1km

● 汉长安城布局示意图

汉长安城遗址

昔时金阶白玉堂，即今惟见青松在。

汉长安城是西汉王朝的首都，是西汉的政治、经济、文化中心，也是古丝绸之路的起点、发源地、决策地，与西方的罗马并称为当时世界上东、西方两大都会。

汉长安城始建于汉高祖五年（前 202），在秦兴乐宫基础上营建；高祖七年建未央宫；惠帝三年（前 192）和五年修筑城墙，六年建西市；武帝时建桂宫、北宫、明光宫，并于城南建太学，城西修建章宫，开凿太液池，建神明台；平帝时于城南建明堂、辟雍等。后被各代沿用，隋建新城后将其划于隋大兴苑内。唐代沿用其作为唐长安城的禁苑。清光绪三十二年（1906），日本人足立喜六首先对汉长安城遗址进行了考古调查。1956 年开始，考古人员对汉长安城遗址进行了长期的、系统的、大规模的、有计划的考古勘探和发掘，揭示了汉长安城的布局结构。1961 年公布为第一批全国重点文物保护单位。

汉长安城平面基本上呈方形，除东城墙外，南、北、西城墙均有曲折。城域面积 36 平方千米。原有城门 12 座，东、南、西、北四面各三座。城内的宫殿、官署和官邸等约占全城面积的三分之二，主要建筑群有长乐宫、未央宫、北宫、桂宫、明光宫、武库等。城内有八条大街，各宽约 45 米，安门大街长约 5500 米，洛城门大街长约 850 米。城西墙外有建章宫；城南有礼制建筑群，经考古发掘认定有辟雍遗址和王莽九庙遗址。

出土的四神瓦当（王腾 / 摄）

出土的绳纹带锥筒瓦（刘江岭 / 摄）

出土的鎏金犀牛（王腾 / 摄）

汉长安城东南角遗址（鸿慈永祜 / 摄）

城墙、角楼及城门

文献记载，城墙周长 60 里，高 3 丈 5 尺，以黄土版筑。城墙现存长度约 25700 米，最高处约 10 米，墙基宽 12—16 米。城墙外有城壕，宽 8 米，深 3 米。城墙四角有角楼，均建在城墙四角外侧。

汉长安城东南角遗址（成英文 / 摄）

城墙四周各开三座城门，东面由北向南依次为：宣平门、清明门、霸城门；南面由东向西依次为：覆盎门、安门、西安门；西面由南向北依次为：章城门、直城门、雍门；北面由西向东依次为：横门、厨城门、洛城门。

汉长安城墙体遗址现状（鸿慈永祜 / 摄）

墙体夯层细节（鸿慈永祜 / 摄）

遗址夯土现状（澡雪精神 / 摄）

地　　址	未央区青西村南
开放时间	全天
收费情况	免费
路线推荐	参考线路 3（P624）

宣平门遗址

宣平门是汉长安城东墙北侧的城门，门外有郭，名为东都门。宣平门是汉长安城东面的重要门户，兵家从东面进攻长安，往往从此门而入。

宣平门在王莽时期曾改名春王门，王莽末年焚于战火。东汉初年进行了第一次重建，城门形制仍为一门三道，门道收窄，净宽不变。十六国后赵时期进行了二次改建，并改称青门。改建后，城楼、三门道具备，但门道净宽和进深均变窄。至隋代，中门道被夯土墙封堵，遭到废弃。唐代三门道全数被填堵，宽度与城墙取直。遗址于 1957 年被发掘。现为野外开放状态。

遗址保存较好，西汉时期的宣平门为一门三道，门道宽约 8 米，减去两侧立柱所占的 2 米，净宽约 6 米。门道之间的隔墙宽约 4 米，所以城门总宽约 32 米。城门进深与城墙宽度相同，为 16 米。据钻探，城门南、北两侧的城墙在距南、北门道 17 米处向外（东）折出，折出部分都是南北宽约 25 米，东西长约 35 米。在中门道内确认了安置门扉的位置，在中门道和南门道地面下发现砖砌的水道。其上建有门楼，城门直通东西向宣平门大街。

霸城门遗址

霸城门是汉长安城东墙南侧的城门，又称青绮门、青城门、青门，因城门颜色而得名。

霸城门在王莽时期曾改名仁寿门，王莽末年被战火焚毁，其后一直弃而不用。遗址于1957年被发掘。2003年，为配合霸城门遗址保护工程又进行了全面勘探。现为野外开放状态。

遗址仅南门道存留，中门道和北门道已毁。南门道的宽度、进深与宣平门的门道相同。门道南、北两侧的地面上各平铺一排础石，在础石的外侧（包括缝隙处）涂泥包裹，在两排础石上各置两排断面为长方形的木地栿，在内侧的木地栿上竖立直径约30厘米的圆形木柱。从门道内顶部塌落的夯土看，门道两侧并列的木柱上应该架设有平顶的棚木，棚木之上夯筑土台，土台之上筑造门楼。门道之间的隔墙宽度为14米。在南门道以南的城墙内（西）侧发现一段墙体加宽，推测可能是马道。

地　址	未央区丰景路汉城湖遗址公园内	收费情况	免费
开放时间	全天	路线推荐	参考线路3（P624）

霸城门夯土现状（成英文/摄）

霸城门结构（任侠生 / 摄）

霸城门础石（贺兰鹣鸖 / 摄）

霸城门夯层细节（唐时星光 / 摄）

霸城门夯层现状（唐时星光 / 摄）

西安门遗址（成英文 / 摄）

地　址	未央区未央宫遗址公园内
开放时间	全天
收费情况	免费
路线推荐	参考线路 1（P622）

西安门遗址

西安门是汉长安城南墙西侧的城门。

西安门在王莽时期曾改名信平门，王莽末年被战火焚毁。后经清理平整，一直沿用到隋代。至唐代，门道均被夯填封堵，彻底废弃。1957 年进行了第一次发掘；2008 年进行了第二次发掘，均有重要发现。现已建成遗址公园，对外开放。

遗址清理出中门道和东门道，西门道已被毁坏。门道宽度、进深以及结构等与霸城门南门道略同，不同的是础石均埋入地面之下。测得二门道之间的隔墙宽 14 米。在东门道下埋设有砖砌排水涵洞。

直城门遗址（成英文 / 摄）

直城门遗址

地　　址	未央区未央宫遗址公园内
开放时间	全天
收费情况	免费
路线推荐	参考线路 1（P622）

直城门是汉长安城西墙居中的城门，又称直门。门内通东西向藁街，街北桂宫、街南未央宫、门外建章宫，是一处连接西汉各宫室的重要门址。

直城门在王莽时期曾改名直道门，中门道和南门道在王莽末年被战火焚毁，后一直未再使用。北门道在十六国后赵时曾改建过，宽度、进深收窄、变短。其后一直沿用至隋代，唐代夯填封堵。1957年对其进行了第一次发掘。2008 年为配合直城门遗址保护工程，对其进行了第二次发掘。

遗址门道宽度、进深以及结构等与西安门略同，城门进深约 20 米，比城墙有所加宽，门道之间有宽约 4 米的夯土隔墙。中门道和南门道两侧各放置两排较小的础石（北门道两侧为一排较大的础石）。中门道西端存有一排门限石，可以了解门扉的安置位置和方法。中门道地面非常平整，少有使用痕迹，当为皇帝等少数人使用的驰道。南门道下发现西汉时期的大型砖券排水涵洞；南门道以南的城墙内（东）侧发现有房屋遗迹。北门道下存有砖石并筑的排水道，路面清理出西汉时期的门限石，从而明确了门扉的安置方位。

汉长安城西南角楼遗址（澡雪精神 / 摄）

地　　址	未央区未央宫街道邓六路	收费情况	免费
开放时间	全天	路线推荐	参考线路 1（P622）

西南角楼遗址

遗址于 1988—1989 年进行了考古发掘。

遗址现存台基平面呈曲尺形，外边南北长 31 米，东西宽 67 米；内边南北长 19 米，东西宽 57 米。台基东部宽 11—13 米。其东与宫城南墙南端相连。

台基北边西部有进出角楼的慢道，慢道地面铺设方格纹方砖。慢道北侧有角楼散水，散水平面亦呈曲尺形，其走向与角楼台基平行。边沿砌立砖为界，散水以竖立瓦片有规律地码放，自南向北倾斜。角楼台基北壁和东壁均有壁柱痕迹。角楼北边有水井和砖池各一个。

角楼遗址出土的建筑材料有砖、瓦、瓦当等。砖有素面和小方格纹方砖，均为铺地砖。长条砖大、中、小不等，此外还有子母砖、扇形砖、空心砖。瓦有板瓦和筒瓦，有的瓦上还有陶文戳印，如“大世六”“工左”等。瓦当文字以“卫”与“长生无极”为主。

汉长安城西南角楼遗址（澡雪精神 / 摄）

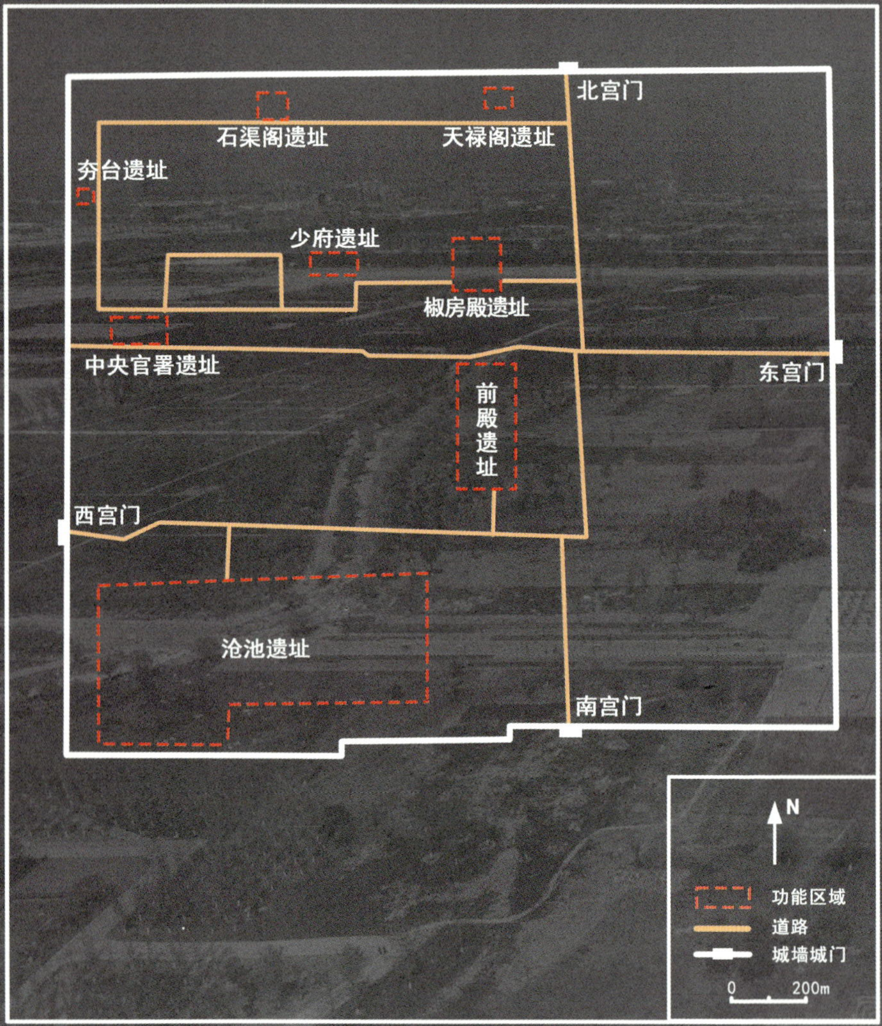
北宫门
石渠阁遗址
天禄阁遗址
夯台遗址
少府遗址
椒房殿遗址
中央官署遗址
东宫门
前殿遗址
西宫门
沧池遗址
南宫门
N
功能区域
道路
城墙城门
0
200m

● 未央宫遗址布局示意图

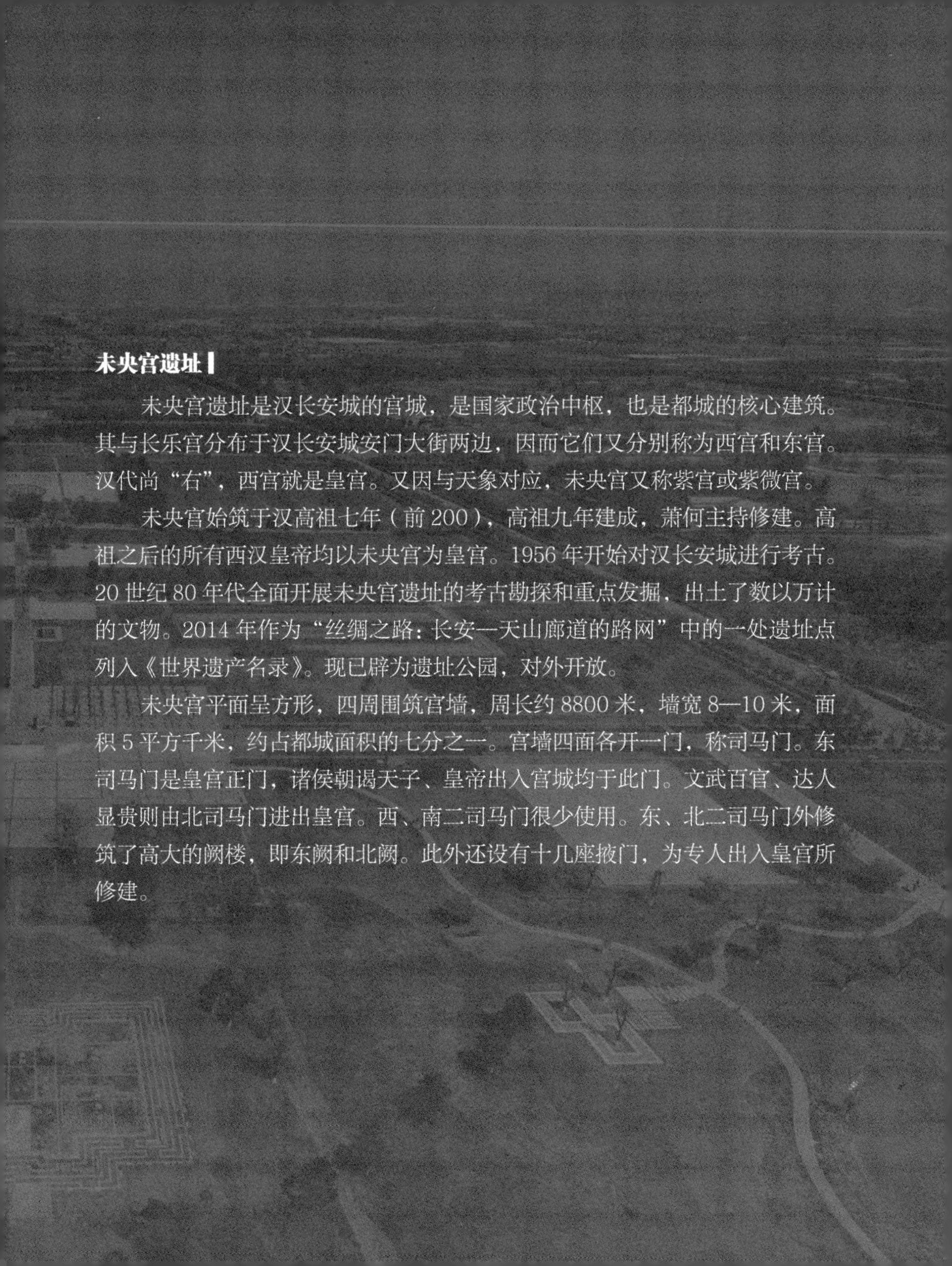

未央宫遗址

未央宫遗址是汉长安城的宫城，是国家政治中枢，也是都城的核心建筑。其与长乐宫分布于汉长安城安门大街两边，因而它们又分别称为西宫和东宫。汉代尚“右”，西宫就是皇宫。又因与天象对应，未央宫又称紫宫或紫微宫。

未央宫始筑于汉高祖七年（前 200），高祖九年建成，萧何主持修建。高祖之后的所有西汉皇帝均以未央宫为皇宫。1956 年开始对汉长安城进行考古。20 世纪 80 年代全面开展未央宫遗址的考古勘探和重点发掘，出土了数以万计的文物。2014 年作为“丝绸之路：长安—天山廊道的路网”中的一处遗址点列入《世界遗产名录》。现已辟为遗址公园，对外开放。

未央宫平面呈方形，四周围筑宫墙，周长约 8800 米，墙宽 8—10 米，面积 5 平方千米，约占都城面积的七分之一。宫墙四面各开一门，称司马门。东司马门是皇宫正门，诸侯朝谒天子、皇帝出入宫城均于此门。文武百官、达人显贵则由北司马门进出皇宫。西、南二司马门很少使用。东、北二司马门外修筑了高大的阙楼，即东阙和北阙。此外还设有十几座掖门，为专人出入皇宫所修建。

未央宫遗址（成英文 / 摄）

地址	未央区未央宫街道邓六路	收费情况	免费
开放时间	全天	路线推荐	参考线路 1（P622）

宫内主要建筑有前殿、清凉殿、麒麟殿、椒房殿、白虎殿、天禄阁、石渠阁等。已发掘的有前殿遗址、椒房殿遗址、少府遗址、中央官署遗址及角楼遗址等，其中，中央官署遗址出土骨签 3 万多件。

前殿遗址（成英文/摄）

前殿遗址

前殿是未央宫的主体建筑，位于宫城中央。据文献记载，皇帝登基、发布诏书，天子大婚，接受朝谒、寿诞庆贺，皇帝入殡等重大活动均在前殿举行。日常国家事务，皇帝也大多安排在前殿。其主要建筑的布局，反映了“前朝后寝”的制度。经考古定为一号遗址。

前殿遗址现状（成英文 / 摄）

前殿遗址正门居南，门内是广阔的庭院，庭院以北则是台基之上的三大殿。前殿基址北高南低，北部最高处高出现地面 15 米。台基从南向北有三个台基面，每个台基上有一大型宫殿建筑基址，南部和中间台基面上的殿址为长方形，北部台基面上的殿址平面不甚规整。前殿南、北各有一条横贯宫城的东西向干路，前殿东侧有一条纵贯宫城的南北向干路。前殿台基周边建筑了廊庑和廊房。前殿台基西侧南部发掘的房屋遗址南北长 128 米、东西残宽约 15 米，房屋为坐东朝西，南、北排列，后山墙利用了前殿台基的台壁。

前殿附属房址内出土遗物除大量汉代砖瓦（文字多为“长生无极”）等建筑材料之外，还有铁工具、刀、剑、弩机、镂等铁、铜兵器。个别房址内还出土了木简，其中有不少是与医药有关的简文。推测这些房屋可能是前殿守卫人员、杂役及有关皇室服务人员用房，还有少量房屋可能用作厨房或库房。

椒房殿遗址（成英文/摄）

椒房殿遗址

椒房殿位于前殿北 360 米，为皇后宫殿。其宫殿墙壁以椒粉和泥涂抹，这样既可使其殿壁呈暖色，室内有温暖感觉，又因椒粉能使殿中芳香袭人，故名。经考古定为二号遗址。

椒房殿遗址现状（鸿慈永祜 / 摄）

椒房殿遗址规模宏伟，有正殿、配殿及厢房建筑。南部为正殿，其夯土台基平面为长方形。台基四周置壁柱，有的壁柱础石尚存。台基周施回廊，廊道地面铺砖，廊道外为散水。正殿坐北朝南，殿址南有二阙址，这种设置十分罕见，可见其规格之高。正殿东、西各有一条上殿慢道。正殿的附属建筑在其北部。内院南邻正殿，平面亦呈长方形，院子四周置廊道、散水。内院东、西两侧又分别发掘出夯土台基、院落、巷道和厢房遗址。巷道遗迹在考古发掘中属首次发现，是为宫殿主人的安全所构造，与现代建筑中的暗道性质相同。建筑群有着完整的给排水设施。建筑中有水井、排水坑，积水通过北部的明渠排出。建筑群内的地面均以方砖铺设，细节考究。

遗址出土的砖有铺设地面的素面方砖、圆形纹方砖和构筑踏步的空心砖等。瓦类有筒瓦、板瓦和素面圆瓦当、云纹瓦当及“长生无极”“长乐未央”文字瓦当。另有精美的铜构件出土。

出土的方形地砖（曹乃木 / 摄）

出土的“长生无极”瓦当（曹乃木 / 摄）

出土的“长乐未央”瓦当（王腾 / 摄）

中央官署遗址（成英文/摄）

中央官署遗址

中央官署遗址位于前殿遗址西北 880 米。1986—1987 年发掘，定为三号遗址，推测为中央政府或皇室管辖各地郡国工官的官署。

中央官署遗址现状（卞润梓 / 摄）

遗址周围置墙垣，形成了一座封闭性大院落。院落平面呈长方形，四面围墙内外均置壁柱，而且内外对称分布，这使墙体更为坚固，除了东墙，西、南、北墙之外均置廊。在官署院落之内，中部偏东位置，有一条南北向排水渠将其分为东院和西院。东院四面围筑夯土墙，东院围墙即为官署大院的部分围墙。墙外设有廊道。东院北墙东端、西墙南端各辟一门，门道两边均各置壁柱一对。西门门道两边壁柱础石尚存。门道南边有一门臼，以砖制成。东院中有南北并列的两排房屋，其间为天井和回廊。西院结构与东院近似。

遗址出土文物十分丰富，主要有砖、瓦、瓦当、石器、铁器、铜器、钱币和骨签等。其中，数万件有文字的骨签是考古的重大收获。

中央官署遗址现状（刘远航 / 摄）

中央官署遗址内水井（鸿慈永祜 / 摄）

出土的骨签

少府遗址（成英文／摄）

少府遗址

少府遗址位于前殿遗址西北 400 米。1987—1988 年发掘，定为四号遗址，推测为少府或其主要官署的建筑。

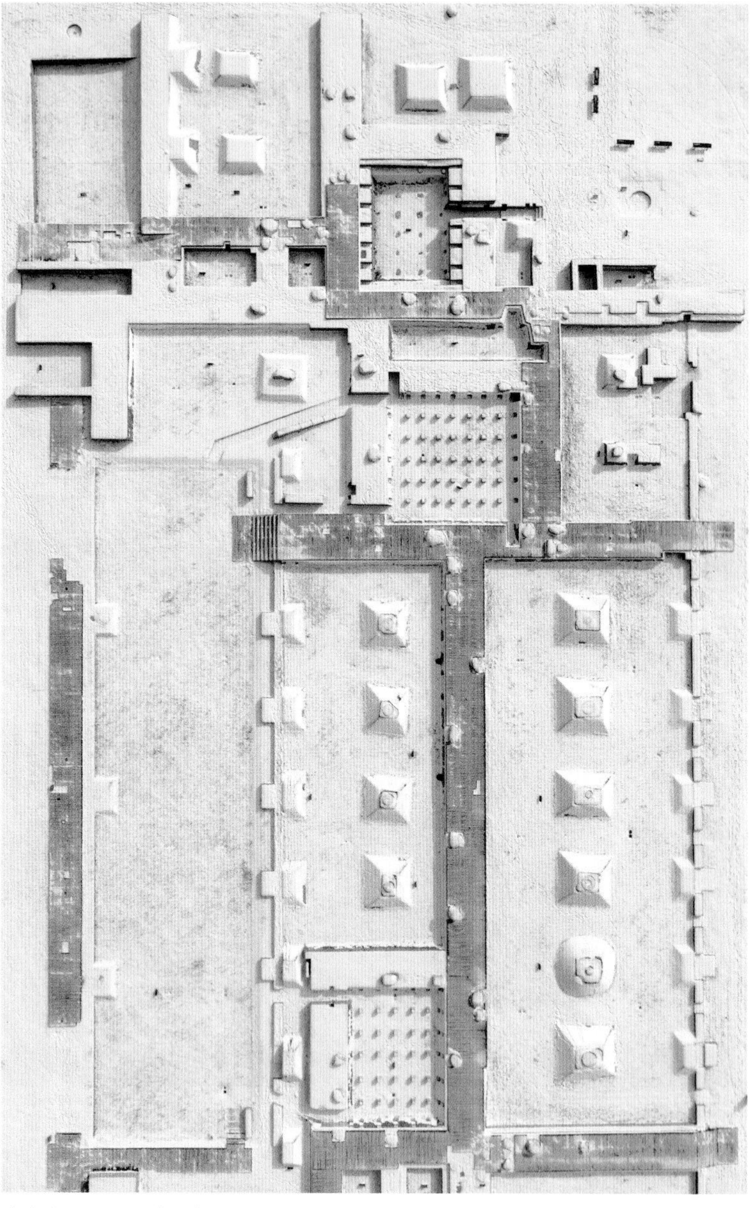

少府遗址雪景（苟秉宸 / 摄）

少府遗址现状（刘远航/摄）

遗址主要包括南殿、北殿及其两侧的附属房屋建筑群和通道、廊道、院落、水池等。主体建筑居中，前庭后院，左右置配殿，是一组多功能的宫殿建筑群。南殿是建筑群中的正殿，坐北朝南，面阔 7 间，进深 2 间。殿中有东西向排列的六个柱础石，础石置于础墩之上。础墩为覆斗形，础石平面有长方形、椭圆形和圆形三种。长方形础石长约 2.2 米，宽约 1.6 米，可以想象明柱之巨大。北殿是建筑群中的内殿，坐南朝北，与南殿共用同一后墙，面阔 5 间，进深 2 间，结构和柱础形制与南殿相近。

南殿东、西两侧对称分布两座大房子，属于南殿的辅助性议事办公建筑。建筑群东部有一座半地下式建筑物，础石保存完整。房屋南部偏东辟门，门道东、西壁对称分布壁柱五对。北殿以北为院落，院落北边有东西向廊道，廊道地面铺素面方砖。

遗址中发现了大面积使用地板的遗迹，在古代宫殿建筑遗址发掘中尚属首见，可见此建筑群之豪华。除了出土砖、瓦、铁器、铜器、货币等，还出土了 112 枚封泥，文字内容有“臣尊”“臣充”“臣朋”“司马喜章”“掌牧大夫章”和“汤官饮监章”等。清理中还发现红烧土堆积很厚，说明建筑物毁于火焚。

天禄阁遗址全景（成英文 / 摄）

天禄阁遗址外观（卞润梓 / 摄）

天禄阁遗址

天禄阁遗址位于前殿遗址以北 720 米，和一旁的石渠阁一样，汉初由萧何主持修建，用于存放收集来的秦朝各种图籍档案，是西汉时期的国家图书档案馆。司马迁、扬雄、刘向等群贤工作、探究、校书、著述于此地。其后经数代帝王经营，共有 596 种、13269 卷秦末散佚的图书被发掘整理，集中收藏于二阁中。书籍由刘歆编目，统称为《七略》。

天禄阁是一座高台建筑。现存台基高 6—7 米，底部平面呈正方形，四周置廊。台上有明代为纪念刘向而修建的刘向祠，遗址出土过刻有“天禄阁”字样的瓦当。

石渠阁遗址（成英文 / 摄）

石渠阁遗址

石渠阁遗址位于未央宫西北，最初建造的功能与天禄阁相同。因在阁周围以磨制石块筑成渠，渠中导入水围绕阁四周，对于防火防盗十分有利，故名。

汉武帝以后，石渠阁由单一的档案典籍收藏机构发展为兼有学术讨论性质的场所。至宣帝时，石渠阁更受到尊崇，开始在阁中绘功臣贤大夫像。

遗址中央主体建筑台基尚存，现存夯土台基高 7 米，周施回廊。

长乐宫遗址现状（鸿慈永祜 / 摄）

地　址	未央区汉城街道罗高路东西两侧
开放时间	全天
收费情况	免费
路线推荐	参考线路 3（P624）

长乐宫遗址

长乐宫是在秦兴乐宫基础上改建而成的西汉第一座正规宫殿，位于汉长安城东南隅。与未央宫对应，故又称“东宫”。

长乐宫始建于汉高祖五年（前 202），为汉高祖刘邦的临时皇宫，其在位时居于此宫，之后为太后居所。王莽篡汉后，改名为常乐室。王莽败后，更始帝入居长乐宫，其后被赤眉军焚毁。长乐宫遗址的发掘从 1978 年开始；1985 年进行了全面勘探；2000—2005 年先后挖掘了多处遗址，收获颇丰。现部分遗址已辟为展厅，对外开放。

遗址平面不规整，略呈长方形，周围筑墙，北墙和南墙均有曲折，周长约 1 万米，面积约 6 平方千米，约占全城面积的六分之一。宫墙四面各开一门，称司马门，东、西司马门外有阙。宫城中部有一条横贯全宫的东西干道，与东、西司马门相接。南司马门则与南城墙的覆盎门南北相对，并有南北大道通至横贯宫城的东西干道上。文献记载宫中主要有前殿、临华殿、温室殿、鸿台等建筑，并有长定、长秋、永寿、永宁四殿。池苑则有鱼池、酒池等。这些建筑遗址主要集中在西北部、西南部、东南部三个区域。其中，西北建筑群规模最大，经考古编号为一至六号建筑遗址。

六号建筑遗址（鸿慈永祜/摄）

六号建筑遗址

六号建筑遗址位于长乐宫西北部，这一带的建筑基址分布非常密集，应是长乐宫的核心区域。从建筑规模看，六号建筑是一座特大型建筑，判断为前殿旧址。西侧发现的五组大型遗址可能就是长秋、永寿、永昌诸殿的旧址。

六号建筑遗址西部现状（卞润梓 / 摄）

遗址于 2005 年局部发掘，仅揭露夯土台基北部和东部边沿部分及附近的廊道、散水等。在发掘区之内揭露的大部分为六号建筑北侧的附属建筑。主殿夯土台基东西长约 160 米，南北宽 50 米以上，是目前长乐宫遗址区内发现的最大建筑遗迹。另外还发掘出由两个沉淀池和两组排水管道组成的排水设施。散水及进水槽的倾斜度，两个沉淀池进水口、出水口的高度以及两组排水管道的高低与走向，都设计得十分科学。排水管道是在建筑之前预先埋入地下的，通过这组排水系统，主殿北侧及附属建筑内的雨水均可以排向建筑之外。

遗址出土遗物中有秦汉之际流行的表面饰细绳纹、内面饰麻点纹的筒瓦，表面饰中绳纹、内面素面的板瓦，小方格纹方砖，素面半瓦当，当心网格纹云纹瓦当等。带“大匠”戳印的砖瓦说明建筑兴建于西汉早期。遗址中也出土了西汉中期以后的砖、“长乐未央”文字瓦当、当心大乳钉云纹瓦当和王莽时期的钱币，说明建筑一直沿用至王莽时期。

六号建筑遗址东部现状（鸿慈永祜 / 摄）

六号建筑遗址细节（贺兰鹔鹴 / 摄）

四号建筑遗址俯瞰（鸿慈永祜 / 摄）

四号建筑遗址

四号建筑遗址位于长乐宫的西北部，六号建筑遗址北 30 米。根据文献记载与考古发掘研究，推测遗址为临华殿遗址，建筑兼具生活起居与处理政务功能。

遗址于 2003 年发掘，2006 年建成遗址博物馆，对外开放。

四号建筑础石（鸿慈永祜 / 摄）

四号建筑壁柱及夯土（筱溪听泉 / 摄）

四号建筑主室北间遗址（筱溪听泉 / 摄）

遗址由院墙、夯土台基及庭院、附属建筑和给排水设施四部分组成。夯土台基西北角外侧有一段东西向夯土墙，推测该墙为四号建筑遗址院墙的一部分。墙南、北壁底部贴砌方砖残块。夯土台基大致呈长方形，外缘包砌土坯。北壁和西壁现存础石。夯土台基外侧为廊道和散水。夯土台基上发现两处半地下建筑（定为 F1 和 F2）。F1 位于夯土台基中部。南北清理长约 27 米、东西最宽 24 米。由北门道、北通道、门房、主室、南部东通道和南部西通道组成。地面局部铺素面方砖，砖上原铺有木地板。F2 位于夯土台基的东部，由附室、北通道、楼梯间、主室和侧室五部分组成。给排水设施均位于遗址的西部，有一个水井和一条陶管道。附属建筑室内发现的彩画残块、楼梯间和地面涂朱现象为汉长安城遗址中首次发现，涂朱应为“赤墀”。

遗址出土有陶器、铁器、铜器、货币和“荆州牧印章”封泥等。从大量红烧土堆积来看，建筑可能毁于战火。

五号建筑遗址（鸿慈永祜/摄）

五号建筑遗址

五号建筑遗址位于长乐宫西北部，六号建筑遗址东 50 米。建筑形制特殊，浅地下建筑且墙体很厚，地面向中间倾斜并连接排水沟，故推测为藏冰用房，即凌室遗址。

遗址于 2004 年发掘，2006 年建成遗址博物馆，对外开放。

五号建筑遗址沉淀池（病狂斋主人 / 摄）

遗址由主体建筑和五间小房子组成，房子周围为铺砖庭院。主体建筑平面为东西向长方形，四周围以夯土墙。房内地面铺砖，沿墙内侧一周平铺条砖，形成回廊。中部则用条砖长侧面立起南北向铺砌，铺砖分别由南北两侧向中部倾斜，在房子中部形成一条东西向的小水沟，水沟底部东西向平铺条砖，西高东低，南、北两侧的铺砖面也有意形成若干条南北向的小沟，与前述东西向小沟相接。小房子为附属建筑，推测为相关管理人员处理日常工作的地方。

遗址出土有陶器、铁器、铜器、货币和海贝等。陶器多为建筑材料，其中，瓦当文字均为“长生无极”。海贝应属于王莽币制“宝货”中的贝货。

地面及排水管遗迹（卞润梓 / 摄）

五号建筑遗址夯层（鸿慈永祐 / 摄）

桂宫一号建筑遗址（鸿慈永祜 / 摄）

地　址	未央区汉城街道夹城村东
开放时间	全天
收费情况	免费
路线推荐	参考线路 2（P623）

桂宫遗址

桂宫遗址位于未央宫北，又称四宝宫，是西汉中期汉武帝为后妃们修建的日常生活起居及活动的宫室。

桂宫建于汉武帝太初四年（前 101）。汉成帝为太子时，曾居此宫，后为太后退居之处。建武二年（26），赤眉军攻入长安，进驻桂宫。1962 年，考古人员在这一区域发现了桂宫围墙遗迹。1996 年开始对桂宫进行全面勘探和大面积发掘。2001 年又进行了发掘，探明了桂宫主要宫殿建筑的形制布局。

桂宫一号建筑遗址现状（鸿慈永祜 / 摄）

遗址平面形制为长方形，文献记载宫中主要建筑有龙楼门、鸿宁殿、明光殿、走狗台等。考古发掘了多处遗迹，编号为一至四号建筑遗址。

出土的“与天无极”瓦当（王腾 / 摄）

出土的“千秋万岁”瓦当（王腾 / 摄）

桂宫二号建筑遗址（鸿慈永祜 / 摄）

桂宫二号建筑遗址

桂宫二号建筑遗址位于桂宫南侧，于 1997 年发掘，其布局与未央宫椒房殿遗址的布局结构相似，是汉武帝为后妃们修建的重要宫殿建筑。

遗址分为南院和北院两部分。南院宫殿殿堂居于院中，东、西两侧为附属建筑，南、北为院落。宫殿殿堂东部发现一组地下建筑，包括门道、门房、通道和主室四部分。宫殿殿堂北部也发现一处地下建筑，坐南朝北，北墙辟门，门道北端置门槛，出门进入殿堂北廊。殿堂北面东西并列两座院落，二者平面均呈长方形。在宫殿西南部还发现一些小院落和类似沐浴场所的设施。北院同南院相连，共用一道院墙。北院院中也是一个殿堂基址，院子南部有东西并列的三个院子，北部为东西并列的两个院子。在两区之间有两个天井相接，以三条南北向通道相连。

遗址出土遗物有陶器、铁器、铜器等，其中以陶器为主。

兆伦铸钱遗址区现状（成英文 / 摄）

地　　址	鄠邑区大王街道兆伦村南
开放时间	全天
收费情况	免费
路线推荐	参考线路 24（P662）

汉五铢钱铜范（王腾 / 摄）

兆伦铸钱遗址

兆伦铸钱遗址于 1994 年被发现。2001 年公布为第五批全国重点文物保护单位，作为合并项目归入汉长安城遗址。现已回填，地表无遗存。

遗址内发现的遗物有钱范、钱币、铸钱工具及建筑构件等。钱范有西汉和王莽时期的。西汉的主要是五铢钱范，其中以陶范最多，铜范只发现两件。陶范可分为陶范母和陶背范，后者占绝大多数。还有一种小五铢钱陶范。新莽时期的钱范种类繁多，有一刀平五千、契刀五百、大泉五十、小泉直一、幼泉二十、中泉三十、壮泉四十、货泉、大布黄千、次布九百、幼布三百、货布十二种陶范。“大泉五十”陶范上有“钟官前官始建国元年三月工常造”的题铭。另外，还发现一件“钟官钱丞”封泥。

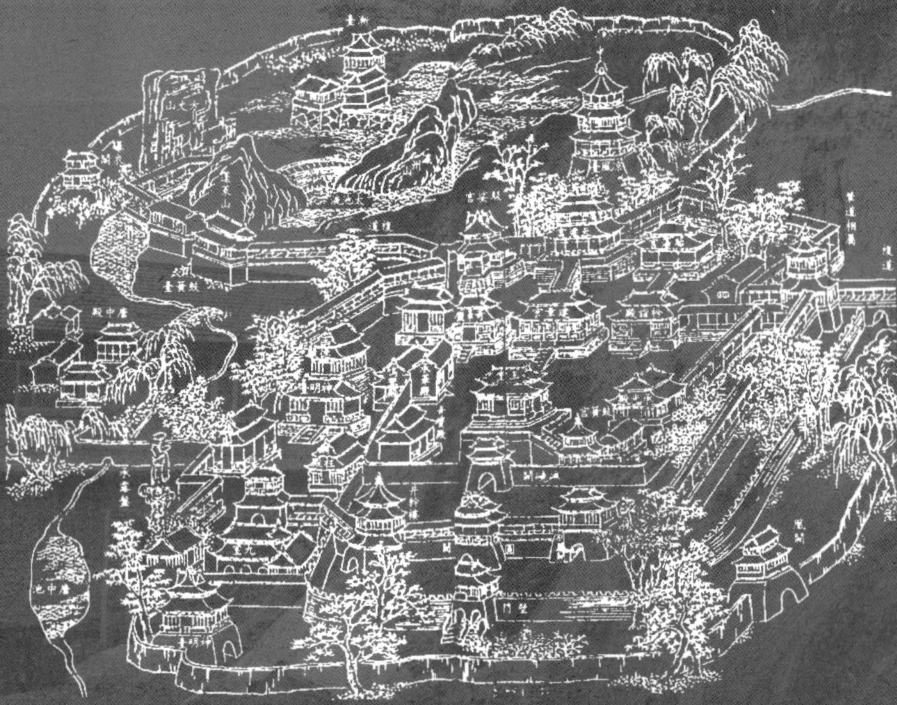

● 清《关中胜迹图志》中的建章宫

建章宫遗址

建章宫殿不知数，万户千门深且长。

建章宫是汉武帝于太初元年（前 104）建造的宫苑。起因一说为柏梁殿起火，粤地巫师建议武帝建大屋“厌胜”；一说武帝以未央宫太小，借火灾建宫。汉武帝时建章宫曾一度作为寝宫使用，至汉昭帝元凤二年（前 79）才迁回未央宫，建章宫成为离宫。新莽地皇元年（20），王莽毁建章宫等宫殿十余所，后逐渐被废。汉光武帝时期曾进行修缮，直至前秦时期还有部分建筑残留。1962 年，考古人员对建章宫进行初步勘探，大致了解了其位置、范围。2005—2006 年，对建章宫一号建筑遗址进行了发掘。2013 年公布为第七批全国重点文物保护单位。现为野外开放状态。

建章宫遗址平面呈东西宽、南北窄的长方形，外围筑有城垣。文献记载建章宫的布局，以正门阊阖、壁门、玉堂、建章前殿和天梁宫为中轴线，其他宫室分布在左右。中轴线上有多重门、阙，正门曰阊阖，也叫璧门。宫城内北部为太液池，其中筑有神山。西面为唐中庭、唐中池。东面有鼓簧宫，为皇帝办公区。汉武帝为了往来方便，跨城筑有飞阁辇道，可从未央宫直至建章宫。

双凤阙遗址（卞润梓 / 摄）

神明台遗址顶部（病狂斋主人 / 摄

宫城东门在前殿以东 700 米。宫门外二阙基址尚存，这是我国地面现存最早的古代宫阙遗址。地面现存遗迹主要为前殿遗址、神明台遗址、双凤阙遗址等夯土台基，地下遗迹多被农田和部分城市建筑叠压。

神明台遗址夯层及空心砖（病狂斋主人 / 摄）

“延年益寿 与天相侍 日月同光”铭文构件（王腾 / 摄）

前殿遗址夯土（卞润梓 / 摄）

前殿遗址

地　　址	未央区高堡子村西
开放时间	全天
收费情况	免费
路线推荐	参考线路 2（P623）

前殿是整座宫殿的主体建筑，武帝时期曾是朝会理政之所。20 世纪 80 年代，考古人员曾对建章宫前殿遗址进行过调查。

前殿遗址坐北朝南，北高南低。北部高出地面 10 余米。现四周被围墙包围，上建有一小庙。

出土遗物有西汉常见的几何中纹铺地方砖和“与天无极”“长乐未央”瓦当等建筑材料，其西北的东柏梁村还出土有一长方形陶质建筑脊饰构件，上有“延年益寿　与天相侍　日月同光”12 字篆铭。

出土的石鲸（曹乃木 / 摄）

地　　址	未央区低堡子村西北太液池苗圃内	收费情况	免费
开放时间	全天	路线推荐	参考线路 2（P623）

太液池遗址和一号建筑遗址

太液池位于前殿西北。文献记载，池中建有渐台和三仙山，这种设置满足了帝王对海上仙山代表的长生不老的渴望，同时也为其提供了娱乐的场所。

20 世纪 80 年代进行了考古勘探，探明了遗址范围。1973 年，在太液池西北岸发现一件人工雕琢的橄榄形石雕，推测就是文献中记载的石鲸，现存放于陕西历史博物馆门前的水池中。2005 年，对位于太液池西岸的建章宫一号建筑遗址进行了发掘。

太液池平面呈曲尺形，渐台遗址位于太液池东北部，即现太液池苗圃管理处办公楼北侧的夯土遗址。夯土台基西、北面保存完整，东、南面部分被破坏，南面下方还挖有一洞。

建章宫一号建筑遗址是一个由主体建筑以及南、北两侧的附属建筑和庭院组成的建筑群。主体建筑中的 F1 和 F4 规模较大，地面铺砖，柱网规整，明显属于建筑群的核心设施；附近的其他房址如 F2、F3 和 F5，规模较小，应是前者的附属设施。遗址中虽然出土了较多的钱范残块，但均属对废弃材料的二次利用，因此不能断定建筑的性质与铸钱活动有直接的关系。考虑到其距太液池的西岸不远，推测可能是太液池的岸边建筑之一。

太液池渐台遗址（病狂斋主人 / 摄）

中渭桥遗址

南渡轻冰解渭桥，东方树色起招摇。

中渭桥遗址区（成英文 / 摄）

地　　址	未央区北三环
开放时间	全天
收费情况	免费
路线推荐	参考线路 3（P624）

中渭桥本名横桥，后来因其东、西各建一桥，才称为中渭桥。中渭桥是渭河三桥中规模最大的一座。

中渭桥始建于秦昭王时期，秦始皇时期扩建，因在桥北垒有石柱，以护桥头，又称石柱桥。汉昭帝始元元年（前86）被大雨冲毁，后修复，因与汉长安城北面横门相对，故又称横门桥、横桥。南朝刘裕入关伐秦大战于此，又焚毁。北周时再次重修。唐贞观十年（636）及开元年间（713—741），经过两次重修，因渭河向北发生位移，桥的位置稍有变动。至五代末年仍在使用，宋代改称为中渭渡。2012年遗址被发现，发掘出厨城门外的桥群，入选“2013年度全国十大考古新发现”。2019年公布为第八批全国重点文物保护单位。现已回填，对外开放。

中渭桥考古现场（楼华 / 摄）

考古出土的铭文石构件（马攸宁 / 摄）

遗址地表遗存桥桩（北极熊 / 摄）

出土的铭文石构件（吃土君 / 摄）

经考古共发现两组五座桥梁，为厨城门桥群（一号桥、三号桥、四号桥、五号桥）和洛城门之外的洛城门桥。均为南北向木梁柱桥，其中一号桥规模最大，是罕见的木石结合桥梁，南北长度约 880 米。清理桥桩九排 97 根，桥桩顶部保存完整。

遗址出土有铜、陶、铁、银、瓷各种质地的器物，以铜钱为主。另发现两块大型汉代石刻，其上所刻的朱雀与青龙、朱雀与白虎浅浮雕纹饰为首次发现。还发现了古船个体，其榫卯结构于罗马时期地中海区域木船上广泛使用，这是在东亚的首次发现。

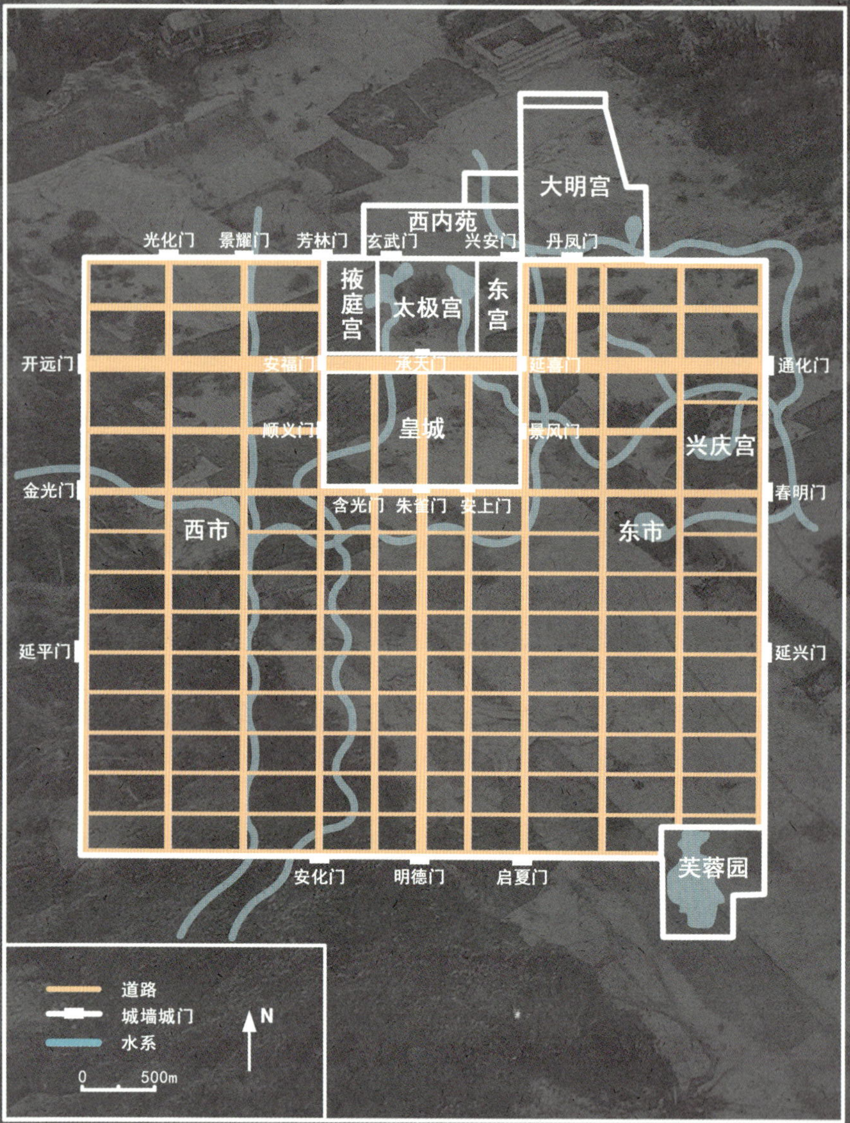

● 隋大兴唐长安城布局示意图

隋大兴唐长安城遗址

玉箫金管喧四筵，东风吹梦到长安。

隋大兴唐长安城遗址是隋唐两朝的都城遗址。都城始建于隋开皇二年（582），名大兴城，由宇文恺设计。唐代沿用，称长安城，并不断修建和扩充。天祐元年（904）后逐渐毁废。20世纪50年代以来，通过大规模考古发掘，取得了丰硕成果。1996年公布为第四批全国重点文物保护单位。

都城由郭城、皇城和宫城组成。

郭城平面呈长方形，周长36.7千米。开12门，东墙北向南为通化、春明、延兴三门，南墙东向西为启夏、明德、安化三门，西墙南向北为延平、金光、开远三门，北墙西向东为光化、景耀、芳林三门。明德门为正门，有五个门洞，其余均为三个门洞。郭城内有108坊，坊内有居民住宅、官邸、寺院、道观等。城内有两市，隋称都会市、利人市，唐改为东市和西市。现仅存北墙玄武门和南墙安化门段残垣。

皇城又名子城，平面呈长方形，北接宫城，周长9.2千米。设八门，东墙北向南为延喜、景风两门，南墙东向西为安上、朱雀、含光三门，西墙南向北为顺义、安福两门，北即为承天门。城内分布有台、省、寺、卫等中央官署和太庙、社稷。

宫城位于郭城北部正中，呈长方形，周长8.6千米。四周有围墙，南北为承天门与玄武门相对。宫城正中为太极宫，又称西内，正殿名太极殿，是皇帝正衙；东是东宫，为太子住所；西是掖庭宫，为后宫人员住所；北为禁苑，是皇帝游猎娱乐的场所。

唐长安城还建有两大宫殿，大明宫因位于太极宫东北，称东内；兴庆宫在太极宫的东南，称南内。

遗址内有隋唐窖藏发现，其中何家村窖藏出土金银器 205 件，是出土唐代金银器数量最多、价值最高的一批。

出土的龙柱（王腾 / 摄）

何家村出土的鎏金舞马衔杯纹银壶（邵世海 / 摄）

何家村出土的金龙（王腾 / 摄）

何家村出土的鸳鸯莲瓣纹金碗（王腾 / 摄）

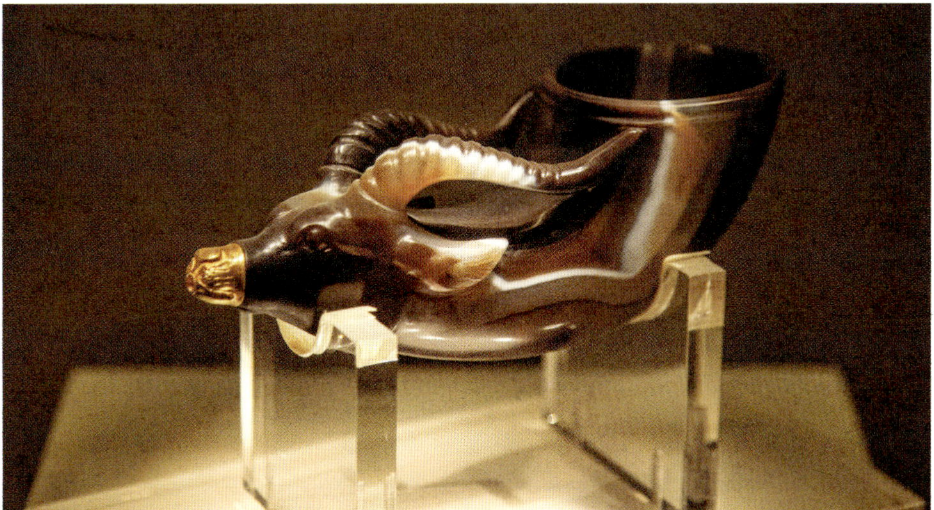

何家村出土的兽首玛瑙杯（王腾 / 摄）

明德门遗址（成英文/摄）

地　　址	雁塔区朱雀大街南端	收费情况	免费
开放时间	全天	路线推荐	参考线路 15（P644）

明德门遗址

明德门是郭城南面正门，位于朱雀大街的最南端。除了交通和防御功能，其礼仪功能格外突出，在禁门礼与大傩礼中承担的礼仪功能在中晚唐愈发重要。

明德门始建于隋开皇二年（582），建成之初名为太阳门，后改为此名。其后曾被烧毁，唐永徽五年（654）重修并加盖门楼，阎立德主持修建，门楼体积很大，"一观至五门"。城门于唐末天祐元年（904）前后被烧毁。1972年对遗址进行发掘，现已建成遗址公园，对外开放。

明德门遗址考古现场（苟秉宸 / 摄）

明德门共有五个门道，平面呈长方形。城门的包砖墙皮都已破坏，仅东端二门道间的隔墙北侧残留少许。砖壁外有部分散水的铺砖。五个门道的建筑形式相同，门道的两侧都有排柱的柱础坑，可见大门是两壁立排柱的木构过梁式建筑。柱础石无存。每排柱础坑 15 个，东西对称。各门道的中间都有一道石门槛，但大都被破坏无存，第三个门道中残存的青石门槛制作精致，三面均线刻花纹，有蔓草花、鸳鸯和神兽纹。门槛有车辙的沟槽，一个门道有四道车辙，可以两车并行。在五个门道中，只有东西两端的门道有车辙，可见中间三门不准行车。门道间各有两个水缸，共计八个。登城马道在城的里侧，城门东西两侧皆有。

遗址中间门道南侧出土头朝南的唐代石龟一座，同时还出土大量精美砖瓦。

明德门遗址复原的石门槛（卞润梓 / 摄）

出土的石龟（北极熊 / 摄）

延平门遗址现状（成英文/摄）

地　　址	雁塔区唐城墙遗址公园内	收费情况	免费
开放时间	全天	路线推荐	参考线路 11（P638）

延平门遗址

延平门是郭城西墙南端的城门，原地面仅残存夯土墩台基址，保存较差。

2005 年进行了考古发掘，是郭城三门道形式城门的首次发掘。2006 年建设唐长安城墙遗址公园时，对延平门进行了原址局部复原。

遗址平面大致为长方形，呈对称状，3 个门道均宽约 5 米，在门道两边没有发现础石。连接城墙的南、北门墩与中间两个门墩相比，向城外延长了 4.5 米，推测为伸出的阙楼地基或城门楼平台地基。门址南边内城还发现一条宽 1.5 米的马道基址。

遗址出土了少量的建筑残件，有筒瓦、板瓦、莲花瓦当等。还揭露出部分唐代地面以及残留的唐代包砌砖，砖身留有工匠手印。

西市遗址区（成英文/摄）

地　　址	莲湖区劳动南路 118 号
开放时间	冬季 09:00—17:00，夏季 09:00—17:30（周一闭馆）
收费情况	免费
路线推荐	参考线路 11（P638）

西市遗址

西市是隋、唐都城西侧的贸易中心，全盛时期有220多个行业，商业贸易西至罗马、东到高丽，是占地面积最大、辐射面最广的世界贸易中心，也是丝绸之路真正意义上的起点，故又有“金市”之称。

西市始建于隋代，初称利人市；唐代沿用，改为西市。20世纪50年代开始考古发掘。2006年后发现并发掘了西市东北十字街遗址、街北石板桥遗存、街道两侧砖砌水渠以及部分商业店铺遗迹等。2010年建成大唐西市博物馆，对外开放。

西市地面及桥体遗迹（张驰 / 摄）

经研究，西市遗址平面呈长方形，四面各开两门，市内有南北向和东西向的平行街道各两条，均宽 16 米，四街纵横交叉成井字形，将整个市内划分成九个长方形区域。西市临街设店铺，店铺后为作坊，多处沿街建筑被发现，但保存状况较差。此外，还有沟渠、水井、车辙等重要遗址。

遗址出土了大量柱础、砖瓦等建筑遗迹和建筑材料，也出土了大量的石器、铁器、骨器以及琉璃、陶瓷、三彩器等生产生活用具。另外，还有大量佛教遗物出土。

西市出土釉陶算珠（唐时星光／摄）

遗址出土陶佛龛（朱子峰／摄）

出土的昆仑奴形镇（曹乃木／摄）

青龙寺航拍（成英文 / 摄）

地　址	雁塔区西影路铁炉庙村北 1 号
开放时间	08:30—18:00
收费情况	免费
路线推荐	参考线路 7（P630）

青龙寺遗址

青龙寺是隋、唐都城内最大的寺院，也是佛教密宗的根本道场，为中晚唐时期密教传播的中心之一。日本著名的“入唐八家”中有六家（空海、圆行、圆仁、惠远、圆珍、宗瑞）都曾在青龙寺学习，其中以空海对日本文化的影响最为深远。

寺始建于隋开皇二年（582），初名灵感寺，因迁都掘城中陵墓，葬之郊野，而建此寺，故名。唐武德四年（621）废，龙朔二年（662）复立为观音寺。景云二年（711）改称青龙寺。会昌五年（845）灭佛时，青龙寺亦遭废毁。次年，复立为护国寺。大中九年（855）复名青龙寺，后废毁。1963年开始对青龙寺进行考古勘察。1973—1980年，发现了青龙寺的门址、殿址、塔址及廊庑等遗址共八处，烧制砖瓦的窑址三处。2012年建成青龙寺遗址公园和青龙寺遗址博物馆，对外开放。

青龙寺遗址区（成英文 / 摄）

遗址中较为重要的是塔院遗址，位于青龙寺西部，是现存比较完整的一座伽蓝院落基址。院落由中三门、塔、殿、回廊及两侧配房等五部分组成。其中的塔基夯筑坚实，土质纯净，平面呈方形。塔基中部有直壁方形坑，填有一层灰烬杂土，未发现其他遗物，推测是塔心地宫。从遗址规模看，此塔或为隋唐时期所盛行的木塔。

遗址出土大量砖瓦建筑材料以及鎏金铜佛、银质小佛、石佛残块、三彩佛像、石炉台、经幢、陶塔等文物。

出土的一佛二菩萨龛式造像（王腾 / 摄）

出土的石经幢顶（时乔 / 摄）

浮雕兽方石（病狂斋主人 / 摄）

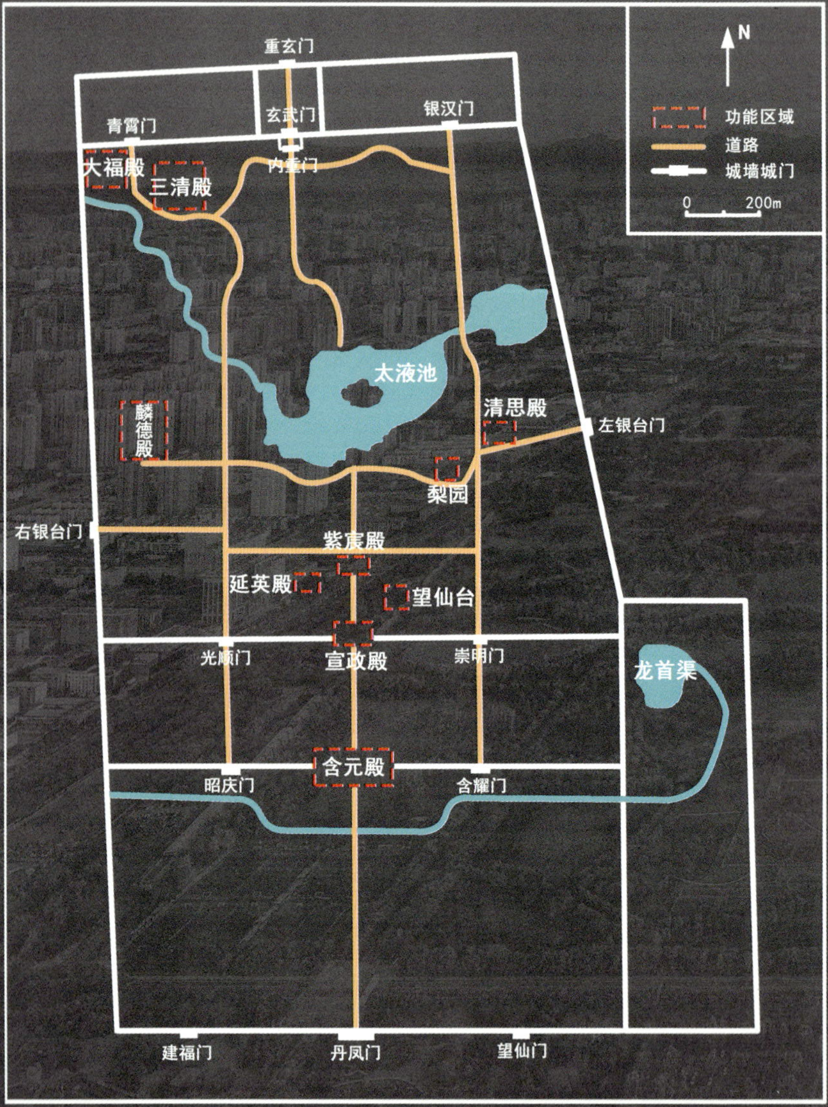
N
功能区域
道路
城墙城门
0
200m
重玄门
玄武门
青霄门
银汉门
内重门
大福殿
三清殿
太液池
麟德殿
清思殿
左银台门
梨园
右银台门
紫宸殿
延英殿
望仙台
光顺门
宣政殿
崇明门
龙首渠
含元殿
昭庆门
含耀门
建福门
丹凤门
望仙门

● 大明宫布局示意图

大明宫遗址

大明宫殿郁苍苍，紫禁龙楼直署香。

大明宫建于唐长安城北的龙首原上，规模宏大、格局完整，是唐长安城三座主要宫殿“三大内”（大明宫、太极宫、兴庆宫）中规模最大的一座，称东内。它是当时世界上面积最大的宫殿建筑群，奠定了东亚中古及其后的古代宫殿制度，是唐以后中国宫殿建筑之范本。其名出自《诗经 · 大雅》“其明德日以广大”，是以周王的勤政贤明作为榜样的一种自我鞭策。

大明宫始建于唐贞观八年（634），初名永安宫，次年改为大明宫；龙朔二年（662）增建，更名蓬莱宫；神龙元年（705）复名大明宫。其后各代皆有增修。广明元年（880），黄巢攻入长安，大明宫遭到极大破坏。乾宁三年（896）李茂贞军进犯京师，宫殿再罹兵火。其后虽进行少量修复，但天祐元年（904）后，渐成废墟。20 世纪 50 年代以来，通过多次勘查和重点发掘，探明了大明宫的形制、布局。1961 年公布为第一批全国重点文物保护单位。2010 年在原址建成大明宫国家遗址公园，对外开放。2014 年作为“丝绸之路：长安—天山廊道的路网”中的遗址点列入《世界遗产名录》。2021 年遗址入选“百年百大考古发现”。

大明宫南部呈长方形，北部呈梯形，城墙周长 7.6 千米，面积约 3.2 平方千米。东、西、北三面设夹城。共设 11 门。丹凤门为正门，设五门道，门上有楼。遗址可分为前朝和后寝两部分，前朝的中心为含元殿、宣政殿、紫宸殿，后寝有太液池，另有各种别殿、亭、观等 30 余所。

唐大明宫遗址（苟秉宸 / 摄）

丹凤门全景（成英文 / 摄）

地　址	新城区自强东路 585 号	收费情况	收费
开放时间	旺季 08:30—19:00，淡季 08:30—18:00	路线推荐	参考线路 4（P626）

丹凤门遗址

丹凤门是大明宫的正南门，其形制是中国古代都城城门建制的最高规格，被誉为“盛唐第一门”。它北与含元殿、宣政殿、紫宸殿遥相呼应，构成大明宫的中轴线，是唐朝皇帝出入宫城的主要通道，也是唐代皇帝登基、改元、宣布大赦及举行宴会等外朝大典的重要政治场所。

丹凤门遗址现状（刘远航 / 摄）

排水管道（刘远航 / 摄）

出土的鸱尾（刘江岭 / 摄）

遗址考古现场（任侠生 / 摄）

丹凤门始建于唐龙朔二年（662），至德三年（758）曾改称明凤门，宝应元年（762）恢复旧称，天祐元年（904）废毁。1957 年考古人员开始对遗址进行调查勘探，2005 年进行了全面考古发掘，2009 年又对遗址两侧阙台遗址进行探查。2010 年丹凤门遗址保护示范主体工程竣工，对外开放。

遗址由东西墩台、五个门道、四道隔墙以及东、西两侧的城墙和马道组成。基座用黄土夯筑，开五门道，门道现存地面皆呈红色，未发现车辙、铺砖或铺石等痕迹，推测可能铺有木地板，后被火焚毁。门道中部横设门限，门限由固定的门枕石和可移动木槛组合而成，木槛仅存灰烬。门道两壁架构壁柱，柱下置石础，壁柱间见包砖。基座两侧城墙内各筑有一条马道，马道外侧立面砌砖，内侧与城墙连成一体。

遗物大部分出土于门道内及门址两侧的唐代废弃堆积中，绝大部分为建筑材料，另有部分日用器物等。

含元殿遗址（李文博/摄）

含元殿遗址

含元殿是大明宫的正殿，是唐朝举行外朝大典的场所。逢元旦、冬至，皇帝多在此举行庆典朝会；册封、改元、阅兵、受贡等活动亦多在此举行。其建筑形制影响了后代宫阙建筑格局乃至明清紫禁城的午门形制。其名取“含宏光大，元亨利贞”之意。

含元殿建成于唐龙朔三年（663），长安二年（702）曾改称大明殿，神龙元年（705）恢复旧称，光启二年（886）后被毁。1957—1962年，考古人员对遗址进行考古发掘，基本搞清了殿址及两阁的形制；1994—1996年，又进行了大规模考古发掘。2003年，含元殿遗址保护工程全面竣工，对外开放。

“毬场”石志（刘雷 / 摄）

出土的玉鹰首（王腾 / 摄）

出土的鎏金铺首（王腾 / 摄）

出土的地砖（朱子风 / 摄）

遗址平面呈凹字形，包括殿堂、两阁、廊道、大台、殿前广场和龙尾道。殿堂位于中心最高处、自下而上的三层大台之上。遗址坐北朝南，平面呈长方形；大殿面阔 13 间，进深 6 间。两阁建在殿堂之东南和西南，东为翔鸾，西为栖凤，高度大致与殿堂相同，其形制由门阙演变而来，基址为三出阙的样式。其中，栖凤阁阁基夯土高 3.43 米，比翔鸾阁夯基稍高。连接殿堂与两阁的飞廊建在第二层大台的台面上。大台之南的平地是殿前广场，自平地逐层上三台登殿的阶道为龙尾道。

遗址出土遗物十分丰富，可分为砖瓦、石制品、陶瓷器、铁器、铜器等。出土的琉璃瓦片显示殿的檐口可能使用了琉璃剪边的做法。石制品以残石柱和螭首石刻最为珍贵；另有“毬场”石志出土，证明宫中建有马球场。

宣政殿、紫宸殿、延英殿、望仙台遗址区现状（成英文 / 摄）

宣政殿遗址现状（刘远航 / 摄）

宣政殿遗址

宣政殿在含元殿之北，是唐朝举行中朝朝会的场所。宣政殿除朔、望朝外，常朝也在这里举行，是大明宫中群臣朝见天子的重要场所之一。

宣政殿建成于唐龙朔三年（663）。唐后期，凡重大政事皆于此颁行。天祐元年（904）废毁。1957 年，考古人员开始对遗址进行考古勘察和发掘。2010 年建成复原展示项目，对外开放。

殿址两侧有东西向的宫墙，殿址两端被后来的掘土扰乱，文献中记载的东、西上阁门遗址没有找到。遗址南 130 米处，有一些小片的夯土基础，疑是宣政门遗址所在。宣政门是宣政殿院庭的正门，此门平时不开，只供皇帝出入，或立太子、册公主、拜大臣、布大政时才打开。百官朝见皇帝时，只能从东面的日华门或西面的月华门而入。含元殿与宣政殿之间的面积很广，据文献记载，月华门以外有待制院、中书省、御史北台、命妇院等机构；日华门外以东则有待制院、门下省、弘文馆、少阳院等机构。

出土的金镶玉佩（曹乃木 / 摄）

出土的石质建筑构件（刘江岭 / 摄）

紫宸殿遗址现状（刘远航 / 摄）

紫宸殿遗址

紫宸殿位于宣政殿之北，处于龙首原的最高处，是唐朝举行内朝朝会的场所，凡军国大事多在此殿议定决策。

紫宸殿建成于唐龙朔三年（663），天祐元年（904）废毁。1957 年，考古人员开始对遗址进行考古勘察和发掘。2010 年建成复原展示项目，对外开放。

殿址东、西两侧廊基宽约 17 米，东侧廊基北端遭破坏不存，考虑应与西侧呈对称结构。西侧廊道与紫宸殿两侧廊道相交处向北凸出约 14 米，应与紫宸殿北端相齐，疑为紫宸殿附属建筑的台基。其南侧有紫宸门遗址，西端有向西行的墙址一段，东边已被破坏。文献记载紫宸门前设有外屏，又有东西廊庑。紫宸门平日不开，百官朝见天子，从东、西上阁门而入，故曰入阁。按照唐制，紫宸门只有在非常特殊的情况下才会打开，主要是指皇帝因大丧不便于在紫宸殿坐朝时，才会在这里召见大臣。

延英殿遗址现状（刘远航 / 摄）

延英殿遗址

延英殿位于紫宸殿西南约 50 米处，是大明宫内一处著名的便殿。唐朝前期其功能较弱，安史之乱后，政治作用逐渐提高，其后远超含元、宣政、紫宸三大殿。皇帝每有咨事，或宰臣有所奏启，即在此殿召对，称为“延英召对”。起初仅限于宰相，以后扩大到群臣。

延英殿始建于唐龙朔二年（662）。贞元七年（791），“延英召对”在此定制。唐朝后期，皇帝还在此设宴召见吐蕃、回纥、突厥等四夷首领及新罗、渤海等国的使节。天祐元年（904）废毁。20 世纪 50 年代开始对大明宫进行大规模考古发掘，现已建成遗址展示工程，对外展示。

望仙台遗址及复原示意（刘远航 / 摄）

望仙台遗址

望仙台是望仙观内的一处高台，位于紫宸殿东南，因唐武宗尊崇道教，求取神仙之术而建。

望仙台建于唐会昌三年（843），其与降真台、望仙楼及其廊舍组成望仙观建筑群。后因武宗服食丹药而崩，宣宗遂于大中八年（854）将望仙观改为文思院，成为制造金银器的机构。

望仙台遗址为方形覆斗状，由夯土高台、基座、基座周围的壕沟三部分组成。夯土高台平面呈方形，由黄土夯筑而成，目前是三大殿区域最高的建筑遗存。

望仙台遗址考古现场（任侠生 / 摄）

遗址考古出土的砖瓦（任侠生 / 摄）

麟德殿遗址（鸿慈永祜 / 摄）

麟德殿遗址

麟德殿位于大明宫西部，又称三殿，是大明宫中最大的建筑群。其主要功能是举行宫廷宴会、会见来使与臣下、乐舞表演娱乐、道场祭奠与三教讲论等。

麟德殿遗址柱础阵列（鸿慈永祜 / 摄）

麟德殿建成于唐麟德年间（664—665）。僖宗初期仍在麟德殿设宴。光启二年（886），大明宫遭到毁灭性破坏，麟德殿可能毁于此时。1957 年开始对麟德殿遗址的发掘，后进行了覆土回填保护。2005 年实施麟德殿遗址保护工程，次年竣工并对外开放。

麟德殿坐北朝南，由前殿、中殿、后殿组成，三殿前后毗连。殿面宽 11 间，进深 17 间，其中中殿为主殿，面宽 11 间，进深 5 间；前殿面宽同中殿，进深 4 间；后殿面宽同前殿，后面另附面宽 9 间、进深 3 间的建筑物。台基由夯土筑成，原台基周围砌有砖壁，平面呈长方形，为上下两层的重台结构。其上残存有门址、山墙、柱础等遗迹。文献记载，后殿两侧东西各有一楼，东为郁仪楼，西为结邻楼。二楼前各建有一亭，称东亭、西亭。楼、亭与后殿之间，以回廊相连。其阶道铺有莲花方砖，为其他遗址所少见。

出土的螭首（刘江岭 / 摄）

出土的莲花纹方砖（王腾 / 摄）

太液池遗址（李文博/摄）

太液池南岸水渠石桥遗迹（贺兰鹈鹳 / 摄）

太液池遗址

太液池又名蓬莱池，位于大明宫北部居中地带，是唐代最重要的皇家池苑。

太液池的始建时间与大明宫的修建年代一致或稍晚，不晚于唐龙朔二年（662）。元和十二年（817），唐宪宗修浚并在周围建造廊庑 400 间。太和二年（828），唐文宗亲撰《尚书》君臣事迹，命画工画于池中蓬莱山太液亭，以便观览。天祐元年（904）后废毁。遗址考古始于 1957 年，确定了东、西池的位置；1998 年进行大面积考古发掘，发现岛屿一处；2001 年第三次发掘，了解了西岸的池岸结构、房屋建筑等情况，解决了进出口水道的疑难问题。现景观已复原，对外开放。

太液池分西池和东池两部分。西池为主池，平面呈椭圆形，面积约 14 万平方米；东池平面略呈圆形，面积约 3.3 万平方米。其水源引自南来的龙首渠。有暗渠与宫外相通。周围还发现廊院基址、水榭基址、亭址、干栏式建筑基址等多处园林建筑遗迹。

遗址出土的遗物较丰富，可分砖瓦、石制品、陶瓷器、铁器、铜器、铜钱等，以砖瓦为主。

出土的白石象（刘江岭 / 摄）

三清殿遗址（苟秉宸/摄）

三清殿遗址

三清殿位于大明宫西北隅，是一座高台建筑。唐代崇尚道教，供奉老子，三清殿和大角观、玄元皇帝庙等一样，是宫廷内供奉祭祀道教的建筑。

遗址台基平面呈长方形，台基上部面积近3000平方米，高出当时地面14米。其上有大量的白灰墙皮堆积，可以推知原有大殿楼阁等建筑。台基全部由黄土夯筑而成，周围包砌砖壁，厚度达1.25米。砖壁皆磨砖对缝，表面光洁整齐，砖壁底部铺有二层基石，表面磨制光平、整齐。台基的基础深入唐代地面下1.5米。上殿的阶道有两条，一条在台基南端正中，为踏步式阶道，故短而陡；另一条在台基北端西侧，坡度缓慢，故阶道较长，可称为龙尾道。龙尾道上铺有海兽葡萄纹方砖，两侧发现有石栏构件。台基的东侧有一组庭院式建筑遗址，面积较大，发掘了近5000平方米，尚不见边际，推测是三清殿的附属建筑。

遗址出土大量的砖瓦。其中有黄、绿、蓝等单色琉璃瓦，也有不少黄、绿、蓝三色的三彩瓦。如此多的琉璃瓦是大明宫考古中的特例。此外还出土了鎏金铜泡钉、鎏金龙首环形器、鎏金花瓣形铜饰片等。出土的方砖中，莲花纹很少，而海兽葡萄纹和葡萄鹿纹花砖很多，其中葡萄鹿纹花砖在大明宫内是首次发现。

出土的海兽葡萄纹方砖（王腾/摄）

出土的葡萄鹿纹花砖（朱子风/摄）

大福殿遗址（苟秉宸 / 摄）

大福殿遗址

大福殿位于大明宫西北角，与西北角宫墙连接成一体，是大明宫内大型殿堂之一。其功能为敬香拜佛，文献中又称大佛殿。

大福殿为楼阁式建筑，有廊阁与西殿相连，殿旁有走马楼，其楼下即为九仙门。现遗址仅存夯土基址，由地面上、下两部分组成，地面上遗址中央夯土范围不规整，最高可达6米，其中西部保存较好，东部残损略重。台基南边残存有10余米的坡道，基台上尚有墙基、散水、砖铺地面等大量建筑遗迹。

玄武门、重玄门、内重门遗址（苟秉宸／摄）

玄武门、重玄门、内重门遗址

玄武门是大明宫北面的正门，它很少作为出入之门使用，出入者皆须持有木契，其主要作用就在于出入内苑。玄武门北 160 米建有重玄门，其南 20 米为内重门，玄武门与重玄门周垣有城墙环绕，构成一个类似于瓮城的长方形建筑群。

玄武门和重玄门始建时间不详，玄武门至迟唐开元时期已有。贞元五年（789）改建，修玄武楼以及两廊、鞠场。玄武门遗址基座平面呈长方形，为单门道，门上有楼。两侧为高起的夯土门楼基座，周围砌有砖壁。重玄门亦为单门道，用木柱承梯形梁架，城墩顶上建平坐，平坐上建有面阔 5 间，进深 2 间的庑殿顶城楼。内重门较小，由 3 间平房构成，中间一间为门道，上无楼观建筑。门两侧筑有夯土墙，向东、向西北折与北城墙相接。

东北城角遗址

大明宫的北宫墙与东宫墙呈钝角交接。北宫墙最东段保存状况较好，人称“骆驼岭”。2009 年考古人员对遗址进行了全面调查和局部发掘。遗址由夯土墩台和西南侧的马道两部分组成。墩台保存较好，平面呈长方形，方向与东宫墙走向一致。墩台的西南侧、紧贴北宫墙南缘连接有马道。

东北城角遗址现状（成英文 / 摄）

● 清《临潼县志》中的华清宫图

华清宫遗址

春寒赐浴华清池，温泉水滑洗凝脂。

华清宫是唐代帝王游幸的别宫，也称华清池。因地处骊山，又称骊山宫、骊宫、绣岭宫。

华清宫始建于唐贞观十八年（644），初名汤泉宫；咸亨二年（671）改名温泉宫；天宝六年（747）易名华清宫；唐末战乱被彻底毁废。后经宋、元、明、清屡废屡修，其规模仅为唐时的一小部分。1982—1988 年对遗址进行了大规模勘探和重点发掘。1996 年公布为第四批全国重点文物保护单位。现已建成景区，对外开放。

华清宫的平面布局是依据唐长安城结构，将北部昭应县城、南部骊山禁苑、中部华清宫三者合一而成。

昭应县城即会昌县城，内有离宫居民区、手工业区及由京城来此的百官府第。唐天宝六年（747）夯土而筑，其平面略呈方形。设四门：南华清、北临潼、西永丰、东北集凤。四周环绕护城河。其后多次维修，明朝两次修筑，清朝也进行了修补。现存城墙总长度大约 2470 米，为 15 处长短不等的残段。

骊山禁苑环绕缭墙，是一个封闭式防护体系，现地面夯土几乎无存。从地下保留部分夯土墙基分析，唐华清宫缭墙是东、西各两道，南、北各一道。1982 年考古发掘中发现了缭墙，现已回填保护。

华清宫墙设四门：东开阳、南昭阳、西望京、北津阳。宫内以隔墙分为东、中、西三区。东区为皇帝居住沐浴之所；中区有前殿、后殿、日华门、月华门等；西区有笋殿、七圣殿、长汤十六所、瑶坛、羽帐等。宫内存有北魏《温泉颂碑》一通，碑高 1.5 米，青石质。碑文楷书，共 558 字，属魏碑上品。

华清宫及骊山全景（成英文 / 摄）

九龙殿御汤池区（成英文/摄）

九龙殿御汤遗址

九龙殿御汤遗址位于华清宫东区，面向骊山，直通温泉总源，池上原修建殿宇。

1982年景区基建时发现了古建筑基址，随即进行了发掘考证。共发现1条唐代蛇形水源通道、5座青石砌成的浴池、4处大殿基址、30多米长的石墙、2处莲花踏步、400多米的陶管水道、50米长的砖砌水道及建筑材料等。1990年御汤遗址保护工程竣工，分别用五个小型仿唐建筑，将莲花汤、海棠汤、太子汤、星辰汤、尚食汤五个石砌浴池建成唐华清宫御汤遗址博物馆以供参观。

地　址	临潼区华清路38号
开放时间	07:30—19:00
收费情况	收费
路线推荐	参考线路12（P640）

出土的三彩鸱吻（刘江岭 / 摄）

《温泉颂碑》（成英文 / 摄）

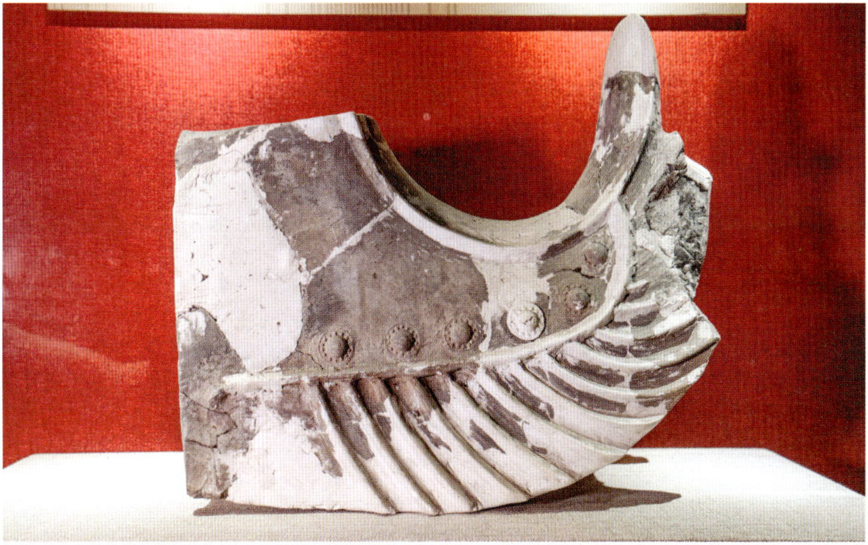

出土的陶鸱尾（刘江岭 / 摄）

莲花汤全景（成英文/摄）

海棠汤全景（成英文/摄）

太子汤全景（成英文/摄）

九龙殿遗址

九龙殿遗址坐南朝北，地面平铺青石板，其下又铺一层砖。殿内浴池即为莲花汤，为二层台式，四壁由卷石砌成相互对称的四瓣莲花形状；第二层平面呈八边形，底部南壁有双进水孔，西北角有双出水孔。莲花汤为唐玄宗沐浴汤池，故又称御汤、莲华汤、九龙汤。

海棠汤

海棠汤位于莲花汤西北，又称芙蓉汤、妃子汤，是唐玄宗御赐杨玉环的贵妃池。其殿基呈长方形，汤池为石砌两层台式，近似椭圆形，外边呈八瓣花式，酷似海棠花。上层台用青石砌成，池内有二层台阶，池底正中有一圆形水口。

太子汤

太子汤位于莲花汤西南，为皇太子专用汤池。唐开元十一年（723），因修建莲花汤而废弃。汤池呈长方形，二层台式，青石铺砌。

尚食汤全景（成英文 / 摄）

星辰汤全景（成英文 / 摄）

星辰汤殿址（成英文 / 摄）

尚食汤

尚食汤位于莲花汤西南，是供尚食、尚药、尚衣、尚舍局官员及其他随侍宦官和官员沐浴的汤池。现存唐代早、晚两期殿址，呈长方形，早期建筑东西面阔 3 间，南北进深 2 间；晚期建筑面阔进深均为 3 间。汤池呈长方形，二层台式，分为东宽西窄两个汤池。

星辰汤

星辰汤位于莲花汤南，温泉总源西北，是唐太宗、高宗、中宗、睿宗沐浴汤池，其上有玉女殿和虚阁。汤池建筑由汤池、供水设施和排水设施三部分组成，平面似北斗七星。台基分为斗池、魁池两部分。斗池在南，两层台式，南宽北窄，北端被后代人引温泉水破坏；魁池呈长方形，东南端接斗池北端，三层台式结构。

梨园遗址复原（成英文 / 摄）

梨园和小汤遗址

梨园位于华清宫东区北部，是教习宫女、坐部伎歌舞之地。遗址建筑结构较特殊，坐南面北，由主室、东庭院、东庭院北回廊、西庭院、南庑、北庑和主室外北回廊组成。主室平面呈长方形，南北面阔 8 间，东西进深 3 间，加两边回廊为进深 5 间，用版筑夯土墙分隔成形状不同、大小不等的 8 个室。

小汤位于梨园东南，是梨园弟子沐浴池。现保留早、晚期殿基和汤池，早期殿宇建筑坐南面北，平面为长方形；晚期殿宇建筑紧接早期殿宇建筑北墙修建。汤池建于早期殿宇正中，全用青石砌成，平面呈长方形，深约 1.3 米。由下向上，池壁做成二层台式。温泉通过东南部的供水管道过供水口进入汤池。

遗址出土绳纹及手印纹条砖、莲花纹方砖、莲花纹瓦当等建筑材料，与海棠汤出土物完全相同。

梨园地基遗址（成英文 / 摄）

小汤遗址（成英文 / 摄）

朝元阁遗址（成英文 / 摄）

朝元阁遗址

朝元阁遗址位于骊山西绣岭第三峰北端，遗址主体为华清宫南侧骊山禁苑的中心建筑。这座离宫建筑除了供奉道教始祖老子，还兼具园林游赏的属性，是骊山上的最佳观景点。

朝元阁始建于唐天宝五年（746），因玄宗夜梦老子降临阁内，故又称降圣阁，为此特改骊山为昭应山，会昌县改称昭应县，并雕刻白玉老君雕像。安史之乱后，唐代帝王鲜少游幸华清宫，朝元阁随之衰朽，最晚至北宋开宝三年（970）彻底塌毁。此后北宋、元初两次重建。2018—2020 年，考古人员对遗址展开发掘。

唐代朝元阁是一组结构复杂的大型建筑，主要组成部分有夯土台、左右两侧台阶式廊道、北部廊道、西侧夯土、顶部建筑、建筑内部夯土台等，结构较为完整。整体建筑应该至少有三层屋檐。立柱、地栿及柱石排列有序，结构清晰。柱础石及立柱有明柱和暗柱之分。元明时期在柱石上放置地栿，然后在地栿上立木柱。

遗址出土了刻印“北六官泉”和“六官泉南”的唐代铭文板瓦，还出土了经火焚后的地栿、立柱及排列有序的石柱础、莲花纹瓦当、带字瓦、铺地砖、手印纹砖等。白玉老君雕像相传出自唐代雕刻大家元伽儿之手，现藏于碑林博物馆。

出土的白玉老君雕像（邵世海 / 摄）

出土的石碑残件（吃土君 / 摄）

出土的莲花纹方砖（曹乃木 / 摄）

圜丘遗址

圜丘群望毕，拜舞接光辉。

圜丘遗址（鸿慈永祜 / 摄）

地址	雁塔区长延堡之东，陕西师范大学南墙外
开放时间	全天
收费情况	免费
路线推荐	参考线路 15（P644）

圜丘又称圆丘，俗称天坛。此遗址是唐代皇帝举行祭天活动的礼仪建筑，唐代 21 位皇帝，除顺宗和哀帝外，均在此进行过祀天的礼仪。它也是全国范围内保留下来的唯一一处早于明代的圜丘遗址。

遗址开发前保存状况（成英文 / 摄）

遗址全景（刘东 / 摄）

遗址始建于隋代，唐代沿用（也有观点认为隋唐两代的圜丘不在同一位置），唐末废毁。1999 年，考古人员对遗址进行了考古发掘。2013 年公布为第七批全国重点文物保护单位。2018 年建成隋唐天坛遗址公园，对外开放。

圜丘主体部分是以黄土夯筑而成的圆形高台式坛体建筑，平面呈四重同心圆形。圆台面径自下往上逐层递减，第一层约 53 米，第二层约 40 米，第三层约 28 米，第四层约 20 米；各层台高大体相近。据第一层台下散水外唐代地表推测，圜丘较早时总高约 7 米，从残存状况来看，圜丘最高可达 8.12 米。环绕圆台，每层均设置 12 个陛阶，阶宽 1.8—4 米。自北始按顺时针方向依次以十二地支命名，其中，午陛最长最宽。圜丘散水、各层台面、台壁及陛阶皆以拌有麦秸的白灰抹饰，故其原外观应洁白典雅。

圜丘遗址出土遗物较少，有石制品、陶瓷器、砖瓦类、铜器等。

灞桥遗址

夕阳闲淡秋光老，参差烟树灞陵桥。

灞桥遗址现状（冯宝辉 / 摄）

地址	灞桥区灞桥镇柳巷村北
开放时间	全天
收费情况	免费
路线推荐	参考线路 14（P642）

灞桥是我国目前已知跨度最长、规模最宏伟、时代最早的一座大型多联拱石拱桥。由于长安至关东的三条要道在灞河至长安城之间并为一路，中以灞桥连通，故地位十分重要。历代政府都十分重视灞桥的维护，唐代还特置了勋官、散官各一人专门管理。作为出入京城的交通要道，长安人送客东行多在此折柳赠别，故又名销魂桥。春季柳絮飞舞于此，是为关中八景之一的“灞柳风雪”。

2004 年灞桥出水现场（楼华 / 摄）

灞桥构造细节（楼华 / 摄）

遗址现状（那蓝 / 摄）

灞桥始建于隋开皇三年（583），唐至宋代多有修葺，元代废弃。1994 年发现遗址，部分发掘，在学术界引起极大反响，入选“1994 年度全国十大考古新发现”。1996 年公布为第四批全国重点文物保护单位。2004 年 9 月，在洪水的冲刷下，灞桥遗址再次显露出来，在灞河河道正中新发现 11 座桥墩，引起了社会的极大关注。

灞桥呈西南至东北方向横跨灞河之上，长度在 400 米以上。形制为半圆拱厚墩联拱石桥。考古发掘共清理出石砌桥墩四座，桥墩为船形，迎、背水面均为尖状，上部安装石雕龙头，系采用圆雕和浮雕技法结合雕成，时代特征明显。四座桥墩大小基本一致。桥墩下铺砌一层宽达 17 米的石板，石板下为一层方木，方木下为木桩，现仍然完好。发掘时发现唐碑残石，上有“扶风郡王赠司徒马府君神道碑”等字，证明宋代确曾拆毁唐碑维修过灞桥。

东渭桥遗址

渭水长桥今欲渡，葱葱渐见新丰树。

东渭桥遗址区（成英文 / 摄）

地　址	高陵区耿镇白家嘴村
开放时间	全天
收费情况	免费
路线推荐	参考线路 22（P658）

东渭桥为唐时渭河三桥之一，因为此地设有渭桥仓，用于接纳、存储江淮漕运来的粮食，所以成为兵家必争之地。

东渭桥始建于唐开元九年（721），由高陵主簿刘绾主持营建，初始应为浮桥，后改为木柱木梁桥；代宗时期（762—779），韦少华主持重建；元和八年（813），桥被洪水毁，其后京兆尹崔元略重造；唐末因藩镇割据，地方军阀不再向中央运送粮食，渭桥仓失去作用，东渭桥地位逐步下降；中和元年（881）后废毁。宋初由于渭水河道向北移动，东渭桥遗址逐渐湮没于渭河故道之下。1967 年，当地群众发现《东渭桥记》残碑一方。1978—1983 年进行了考古发掘。2001 年公布为第五批全国重点文物保护单位。现已回填，对外开放。

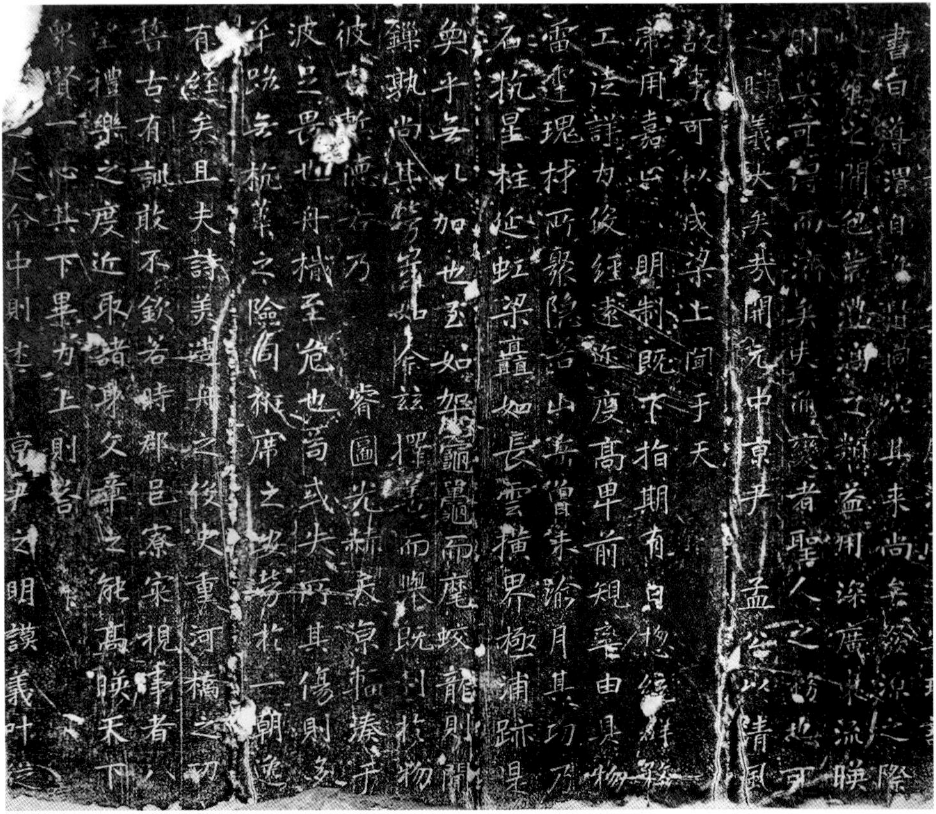

《东渭桥记》残碑拓片（筱溪听泉 / 摄）

经考古，遗址为木柱梁桥，南北走向，发现木柱 22 排，计 418 根，分水金刚 4 处。木柱有方、圆形两种，周围埋圆石以抵挡水流冲击。桥基用青石条砌成，间以铁栓板连接。

遗址出土铁钉、铁板、铁栓板、钱币、墨玉片、铜佛像等文物。《东渭桥记》石碑碑身为六面柱形，残高 0.7 米，记载了唐开元九年京兆府高陵、三原、奉先等县官民修建东渭桥的情况，现藏于高陵区文化馆。

出土的铁铆板、铁栓板、铁钉（贺兰鹈鹳 / 摄）

出土的木桥桩（贺兰鹈鹳 / 摄）

第二章 古墓葬

西安地区是我国古代封建王朝建都数量最多、时代最久的地区之一，历代陵墓遗存极为丰富。不但有秦汉时期的帝陵，很多朝代的名人墓也在西安地区广为分布。截至2021年的数据统计，西安地域内市级及以上的古墓葬类文物保护单位数量为33个。其中，国家级文保9个，省级文保17个，市级文保7个。

史前至先秦时期是西安古代第一个墓葬遗存比较丰富的时期，有古墓葬6个。有相传史前部族周族领袖王季（省二）、伏羲之母华胥（省五）的墓葬，疑似为西周王陵的周穆王墓（省二）和秦庄襄王墓（省一）。有道家创始人老子的墓葬（省二），也有战国名医扁鹊的墓葬（省三）等。

秦朝是中国古代的第一个统一封建王朝，西安地区这时期的古墓葬有3个。既有秦朝建立之前就开始营建，并一直沿用的秦东陵（国六），也有营建于秦朝建立之后的秦始皇陵（国一）和秦二世胡亥墓（省一），展现了秦从王国至王朝时代100余年陵墓制度的演变过程。秦始皇陵是中国古代第一座帝陵，对后世帝陵的修建产生了深远的影响。

汉代是中国封建社会的第一个鼎盛时期，这时期的古墓葬有14个。西汉时期营建的11座皇帝陵中，有两座位于西安地区，分别是汉文帝刘恒的霸陵和汉宣帝刘询的杜陵。考古工作者对霸陵（国五）、薄太后陵（国七）、窦皇后陵（国七）及其附属建筑、外藏系统进行了多年的调查和发掘，确定了江村大墓是汉文帝的霸陵。杜陵（国三）的调查和发掘也一直在有条不紊地进行，已经发掘的杜陵重要陪葬墓——凤栖原西汉家族墓地（国七），展示了西汉列侯家族墓地的风貌。西安地区还有许多重要的汉代墓葬或墓葬群，如西安理工大学壁画墓（省五）、刘进夫妇墓（市二）、薛家寨汉墓群（市二）等，都出土了很多重要的文物。当然，还有尚未经过考古证实的名人墓，如董仲舒墓（省一）、陈平墓（省二）、蔡文姬墓（省二）等也皆位于西安境内。

唐宋时期的古墓葬有4个。蓝田吕氏家族墓地（国七）是其中的重点，此处我国现存最完整的北宋家族墓地清晰地呈现了北宋文人家族的丧葬习俗。

元明清时期的古墓葬有6个。因是明秦藩所在地，这里有数量众多的秦藩宗室墓葬，以明秦王墓（国六）为代表。另还遗存有明清两代重要文人、思想家的墓葬，如李颙墓（省一）、王九思墓（省二）、吕柟墓（省五）等。

秦东陵

华胥别是一天地，秦时东陵千户侯。

秦东陵（高岩 / 摄）

地　　址	临潼区韩峪村路（骊山西麓）
开放时间	全天
收费情况	免费
路线推荐	参考线路 14（P642）

秦东陵即史料中的“芷阳”陵区，是秦国在秦始皇正式称帝前营建的王陵区，埋葬了包括秦昭襄王、秦庄襄王、宣太后、唐太后、帝太后和悼太子等秦王、太后和高等级贵族。因位于雍城秦公陵园以东，故名。

秦东陵最早营建于秦始皇曾祖父秦昭襄王在位时期。经秦末兵燹，地表建筑被破坏，加之魏晋时期的进一步破坏，陵墓确切位置一度难以确定。1986 年，文物工作者发现并确认了位置。2006 年公布为第六批全国重点文物保护单位。现大部分处于野外开放状态，一部分正在进行考古发掘。

一号陵园考古现场（成英文 / 摄）

现已经探明四座陵园，分别定名为一号至四号陵园。因未出土相应的文字文物，墓主身份尚未确定。规模最大的一号陵园发现亚字形墓两座、大型陪葬坑两座、陪葬墓群两处、地面建筑遗址四处，推测为秦昭襄王和王后的合葬陵园。二号陵园发现中字形墓一座、甲字形墓三座、陪葬坑一座、陪葬墓群两处、地面建筑遗址一处。三号陵园仅有中字形墓一座。四号陵园发现亚字形墓一座、甲字形陪葬墓两座、陪葬墓群一处，墓主推测为宣太后芈八子。其中，考古发掘了一座规模较大的战国时代秦王墓礼制建筑遗址和大型车马坑，均为我国发掘的首座同类型遗迹。

出土文物有大量铜器、铁器、陶器及筒瓦、板瓦、瓦当等建筑材料。

一号陵园（鸿慈永祜/摄）

二号陵园封土（鸿慈永祜 / 摄）

出土的瓦当（吃土君 / 摄）

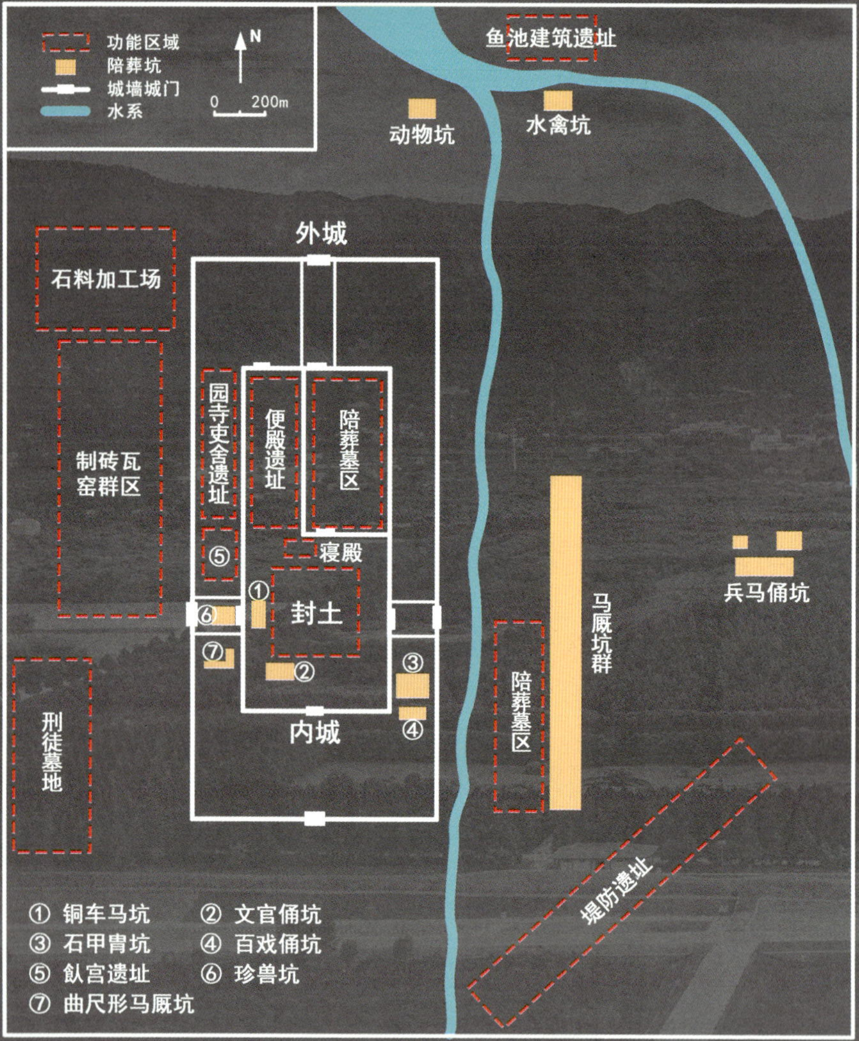
功能区域
陪葬坑
城墙城门
水系
N
0 200m
鱼池建筑遗址
动物坑
水禽坑
外城
石料加工场
制砖瓦窑群区
园寺吏舍遗址
便殿遗址
陪葬墓区
寝殿
⑤
⑥
①
封土
⑦
②
③
④
内城
刑徒墓地
马厩坑群
陪葬墓区
兵马俑坑
堤防遗址
① 铜车马坑
② 文官俑坑
③ 石甲胄坑
④ 百戏俑坑
⑤ 飤宫遗址
⑥ 珍兽坑
⑦ 曲尺形马厩坑

● 秦始皇陵布局示意图

秦始皇陵

秦王扫六合，虎视何雄哉！

秦始皇陵是秦朝第一位皇帝嬴政的陵寝，也是我国封建社会的第一座皇帝陵寝，又称为丽山园。

秦始皇陵始建于公元前 247 年，历经近 40 年的营建，至秦始皇去世都未完成。史书记载陵墓历代均有盗掘。1961 年被公布为第一批全国重点文物保护单位。1974 年秦始皇陵兵马俑被发现。1987 年秦始皇陵及兵马俑坑被列入《世界遗产名录》。现秦始皇陵陵区已辟为景区，秦始皇陵兵马俑陪葬坑营建了秦始皇兵马俑博物馆，对外开放。

秦始皇陵背靠骊山，面朝渭水，平面布局大致上依秦都咸阳城营建。陵园由皇陵区、从葬区（包括从葬坑、陪葬墓、修陵人墓地）、陵邑和附属设施（如采石场）等部分组成。陪葬墓发现四处：一处在内城北区东侧，有 99 座陪葬墓，南北排成八行，东西向；一处在南侧内外城之间，有七座小型墓葬；一处位于陵东，有甲字形墓葬 17 座，南北排成一行，东西向；另一处位于陵西，有中字形、甲字形墓葬九座。

嬴政（前 259—前 210），中国古代第一位皇帝，中国第一个大一统封建王朝——秦朝的开国皇帝，自称始皇帝。在位 37 年，其间灭六国，北击匈奴，南征百越，建立秦王朝。统一文字、钱币、度量衡，修筑长城、灵渠等大型工程。东巡途中驾崩，葬骊山。

秦始皇陵陵园（冯宝辉 / 摄）

地　址	临潼区秦陵北路（骊山北麓）
开放时间	08:30—17:00
收费情况	收费
路线推荐	参考线路 12（P640）

秦始皇陵陵园

秦始皇陵陵园由城垣、礼制建筑遗址、园寺吏舍遗址和“丽山飤官”遗址、封土和地宫等组成。

陵园有内外两重夯土城垣，均为南北向，门阙为三出阙。内城南北长 1355 米，东西宽 580 米。内城中部有东西向隔墙一堵，将内城分为南、北两区。内城垣的东、西、南各开一门，北有两门，中部隔墙上有一门。外城垣南北长 2165 米，东西宽 940 米，外城四面各开一门。

陵园现状（刘远航/摄）

礼制建筑遗址中的寝殿位于内城区西中段，平面近方形，由主殿、侧殿、回廊、门道等部分组成。便殿位于内城北区西半部，有成组的建筑由南向北密集排列。

出土的铜车马（任昱 / 摄）

出土的铜车马（王腾 / 摄）

K9801 号陪葬坑出土的石甲（曹乃木 / 摄）

出土的箕踞姿俑（曹乃木 / 摄）

园寺吏舍遗址、“丽山飤官”遗址在陵园西侧内、外城垣之间。园寺吏舍遗址有三组建筑遗址。“丽山飤官”遗址居其南，遗址出土的数件饮食用陶器上，有“丽山飤官”“丽山飤官左”“丽山飤官右”等文字，据此推断该遗址是制作祭祀用食的食官建筑遗址。

封土位于内城南区中央，呈覆斗形，现存高度 76 米。封土之下的地宫未发掘。经勘探发现设有地下宫墙，宫墙四面有门，东有五条墓道，北、西两边各设一条墓道。地宫有“以水银为江河湖海”的记载，经探测确有一片强汞异常反应区。

出土的跽姿陶俑（曹乃木 / 摄）

出土的青铜鸿雁（曹乃木 / 摄）

出土的“丽山飤官”铭陶器盖（吃土君 / 摄）

一号坑全景（王腾/摄）

陶俑军阵（苟秉宸/摄）

秦始皇陵兵马俑坑

秦始皇陵目前发现的陪葬坑有兵马俑坑、马厩坑、铜车马坑、珍禽异兽坑、石铠甲坑、百戏俑坑、跽坐俑坑等。其中，兵马俑坑是秦始皇陵发现的最重要的外藏坑，被誉为“世界第八大奇迹”。

一号坑阵列（刘远航/摄）

兵马俑坑共发现四个，位于秦始皇陵封土东1500米处。一、二、三号坑呈品字形排列。四号坑位于二、三号坑之间，空坑，没有任何遗物。

一号坑主力阵列（苟秉宸 / 摄）

兵俑及陶马组合（刘远航 / 摄）

修复中的武士俑（刘远航 / 摄）

一号坑发掘最早，也是规模最大的兵马俑坑，平面呈长方形，东西长 230 米，南北宽 62 米，深 5 米，军阵东西向排列。坑内有各类武士俑 2000 多件、战车 22 乘、陶马 88 匹及各类兵器数万件。兵阵按严密的队伍编制，四周配有前锋、后卫及警卫，中间有做前进姿势的九列队伍，步兵、车兵相间，象征右军。

一号坑前排兵俑（成英文 / 摄）

二号坑局部（刘远航 / 摄）

二号坑位于一号坑的东墙北侧，平面呈曲尺形，东西长 124 米，南北宽 98 米。坑内有各类武士俑 900 多件、战车 89 乘、马俑 356 匹、鞍马 116 匹及各类兵器万余件。坑中军阵由战车、骑兵、弩兵及车徒四个兵种组成，象征左军。

清理中的二号坑（成英文 / 摄）

二号坑中的残破兵俑（刘远航 / 摄）

坑中俑（倪浩文/摄）

将军俑（刘远航/摄）

跪射俑（刘远航/摄）

武士俑主要有士兵与军吏两大类。其中，军吏根据装束可分不同级别。士兵俑根据装束、姿态和手持武器的不同，可以分成车兵俑、立射俑、跪射俑、步兵俑、骑兵俑、驭手俑等种类。兵马俑表面原有彩绘，现在的保护技术已经可以保留新出土秦俑的色彩。

铠甲武士俑（王腾 / 摄）

立射俑（王腾 / 摄）

白脸俑头（苟秉宸 / 摄）

文官俑头部细节（王腾 / 摄）

兵俑后头细节（王腾 / 摄）

将军俑后头细节（王腾 / 摄）

三号坑战车及武士俑（成英文 / 摄）

驭手俑（王腾 / 摄）

三号坑位于一号坑西端北侧，平面呈凹字形，东西长 17.6 米，南北宽 21.4 米。坑内列置武士俑 68 件、战车 1 乘、驾马 4 匹，推测是军阵指挥部。

三号坑武士俑（任昱/摄）

陶马（王腾 / 摄）

出土的巨型瓦当（苟秉宸 / 摄）

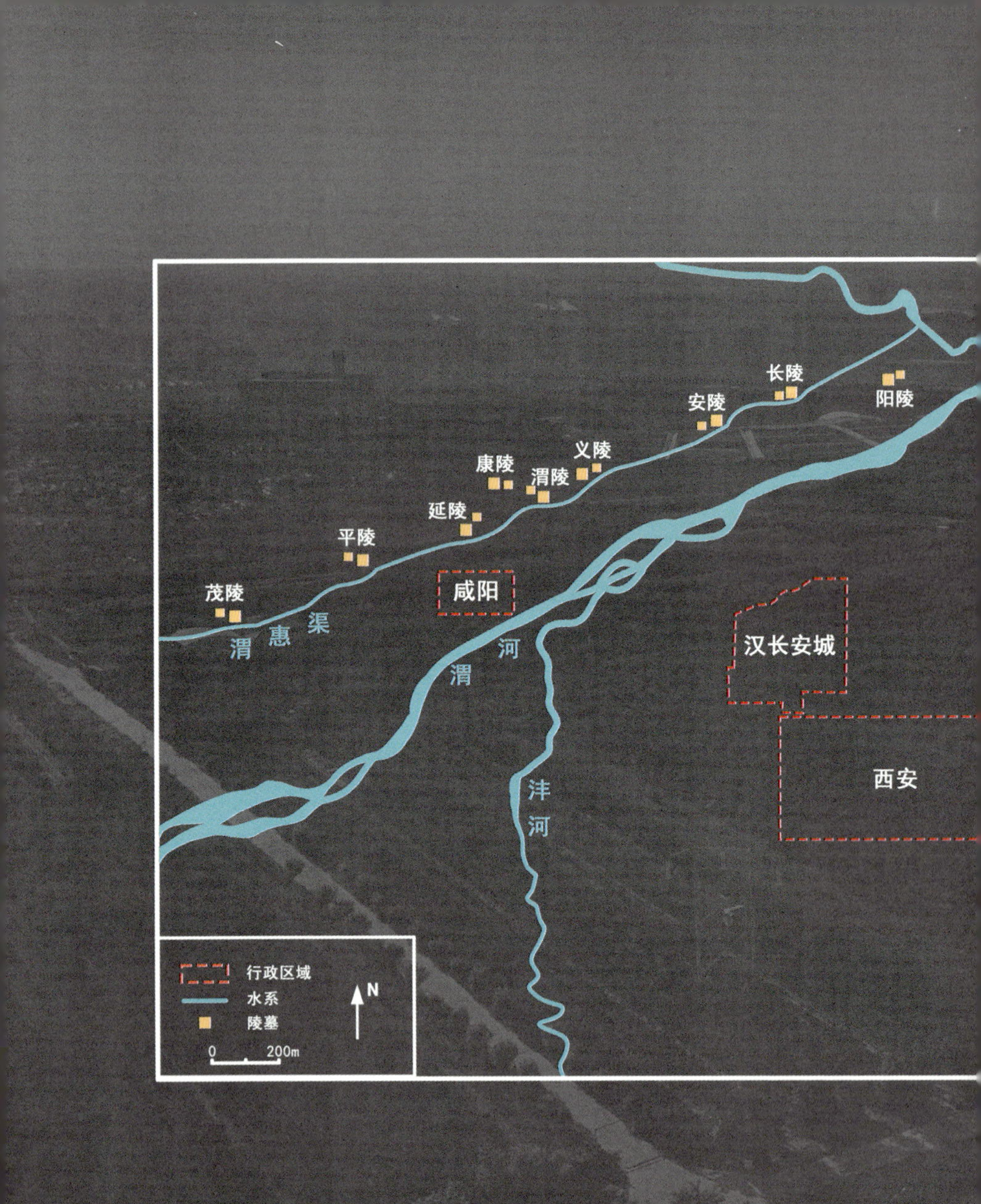

● 西汉帝陵布局示意图

西汉帝陵

天空绝塞闻边雁，咸原秋草汉诸陵。

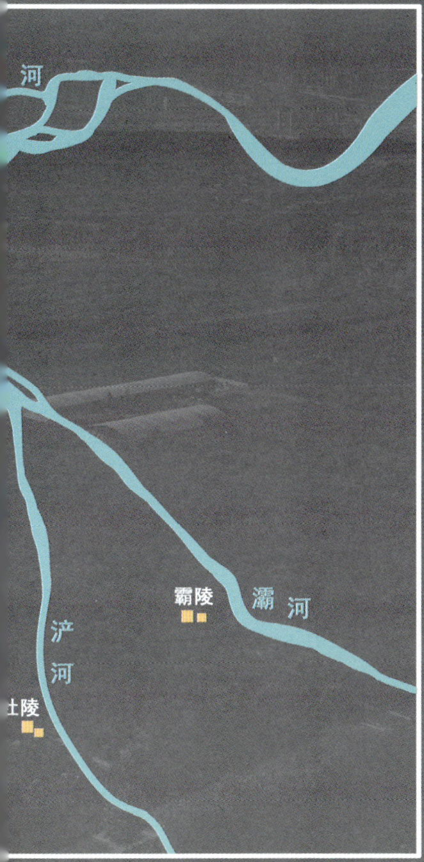

西汉帝陵包含西汉八座皇帝陵墓（加上汉高祖长陵、汉武帝茂陵、汉宣帝杜陵为单独国保，共11座）。其中汉昭帝平陵、汉成帝延陵、汉平帝康陵、汉元帝渭陵、汉哀帝义陵、汉惠帝安陵、汉景帝阳陵七处位于咸阳市，汉文帝霸陵位于西安市。

2001年，汉文帝刘恒霸陵作为西汉帝陵子项公布为第五批全国重点文物保护单位。2019年，江村大墓公布为第八批全国重点文物保护单位，作为子项并入西汉帝陵内。

凤凰嘴全景（成英文 / 摄）

地　址	灞桥区席王街道毛窑院村
开放时间	全天
收费情况	免费
路线推荐	参考线路 13（P641）

凤凰嘴

此地一直被误认为是汉文帝霸陵。由于文献中多记载霸陵“不封不树，因山为陵”，没有明确的地标，因此最迟在宋代之后，霸陵被认为是在此处断崖上修建的崖墓。元代骆天骧编撰的《类编长安志》中就直接称霸陵在凤凰嘴下，后代沿用，讹误至今。经考古，山体没有发现任何古墓的痕迹，甚至连汉陵填土中的五花土、夯土、建筑材料都没有发现，确定此处并非霸陵。

凤凰嘴山下原有十余通明清祭祀汉文帝刘恒的石碑，现存清代石碑九通、石碑座两件，石供桌一件。石碑整体为南北向排列，共三排，大部分石碑的文字都已经湮没无存。其中五号碑为清乾隆年间陕西巡抚毕沅所书，碑侧刻有纹饰；碑文右侧竖刻“皇清赐进士及第兵部侍郎兼副都御史陕西巡抚毕沅敬书”，中部竖刻“汉文帝霸陵”，左侧竖刻“大清乾隆岁次丙申孟秋知咸宁县事丁尹志立石”。其余石碑内容均为记述皇帝遣大臣祭祀霸陵之事，最早为清康熙七年（1668），最晚为嘉庆二十四年（1819）。

刘恒（前203—前157），汉高祖刘邦第四子，汉惠帝刘盈异母弟。初封代王，诸吕之乱平定后登基称帝。在位23年，其间改革律法，轻徭薄赋，兴修水利，是“文景之治”的发端。病崩于未央宫，葬霸陵，庙号太宗，谥号孝文皇帝。

江村大墓（成英文 / 摄）

地　　址	灞桥区狄寨街道江村
开放时间	暂不对公众开放
收费情况	无
路线推荐	参考线路 13（P641）

江村大墓

江村大墓是西汉第三位皇帝汉文帝刘恒的陵寝——霸陵。其双重陵园、帝陵居中、象征官署机构的外藏坑围绕帝陵的布局，均为西汉帝陵中最早出现。

墓葬曾多次被盗。2002 年，从墓中被盗走的 6 件裸体黑陶俑在美国险遭拍卖。2006 年，考古人员进行了考古调查，确定为帝王级大墓。2017 年开始对其外藏坑、陪葬墓等进行考古调查，明确了外藏坑的属性，发现了围合窦皇后陵及江村大墓的外陵园，入选“2021 年度全国十大考古新发现”。目前考古工作仍在进行中。

外藏坑发掘现场（苟秉宸 / 摄）

出土的金饰（曹乃木 / 摄）

陵区主要由霸陵陵园、陪葬墓区、其他遗存三大部分组成。陵园位于陵区东部，是整个陵区的核心。整体呈长方形，东西向，由外陵园墙址、江村大墓、窦皇后陵、陵园内建筑遗址、外藏坑、祔葬墓等组成。

江村大墓四周未发现园墙遗迹，但有一圈用河卵石平砌的石围界。石围界外侧四面正中有门址。陵墓地表没有明显遗存，墓室位于相对隆起的土原下，坐西向东，为亚字形竖穴土圹木椁墓。墓室平面基本呈方形，周围发现外藏坑115座，其中74座基本呈放射状分布于墓室四周：东19座、南17座、西18座、北20座；每侧外藏坑基本上相互平行，靠近墓室一端几乎位于同一条直线上。

陪葬墓和其他遗存位于陵区的西、南部。陵墓西北的马家沟村附近有汉墓七座；西南的栗家村有大、中型汉墓四座。

陵墓考古发掘文物总数在4000件以上。早年被盗、后被追回的一批黑色着衣陶俑现藏于西安博物院。

出土的刑徒俑（曹乃木/摄）

薄太后陵

万里朝台劳寄梦，伤感南陵旧主人。

薄太后陵（成英文 / 摄）

地　址	灞桥区狄寨街道狄寨西路
开放时间	全天
收费情况	免费
路线推荐	参考线路 13（P641）

薄太后陵是汉文帝刘恒生母薄氏的陵墓，是汉代营建的第一座太后陵寝。因其位于汉文帝霸陵之南，又称南陵。唐代称薄陵。民间又称薄姬冢、望子冢。

文献记载，陵墓西晋末期曾遭大规模盗掘破坏，后被修复。2013 年公布为第七批全国重点文物保护单位。2016 年陪葬坑被盗，多数文物被追回。现辟为景区，对外开放。

封土现状（筱溪听泉 / 摄）

陵墓北距江村大墓约 2000 米，仅存封土和清代石碑一通。封土保存较为完整，呈覆斗形，底南北长 173 米，东西宽 140 米；顶南北长 55 米，东西宽 40 米；高 24 米。墓葬形制为亚字形竖穴土圹木椁墓，墓碑立于封土南侧，为清乾隆年间陕西巡抚毕沅所写，内容为“汉薄太后南陵”。陵墓原有夯土筑成的陵园园墙，现仅剩部分夯土遗址。陵墓西南原还营建有南陵的陵邑。

外藏坑出土的文物有陶俑、陶罐、金银器（以纯金马饰为代表），另外还发现了许多珍稀动物的骨骼（大熊猫、金丝猴和犀牛等）。

薄氏（？—前 155），会稽吴县（今江苏苏州）人，汉文帝刘恒生母。本为秦末魏王魏豹的姬妾，后被汉高祖刘邦纳为姬妾。刘邦驾崩后，随其子刘恒前往代国，尊为代王太后；刘恒即位后，尊为太后。病逝后葬南陵，称孝文太后。

出土的陪葬俑（王腾 / 摄）

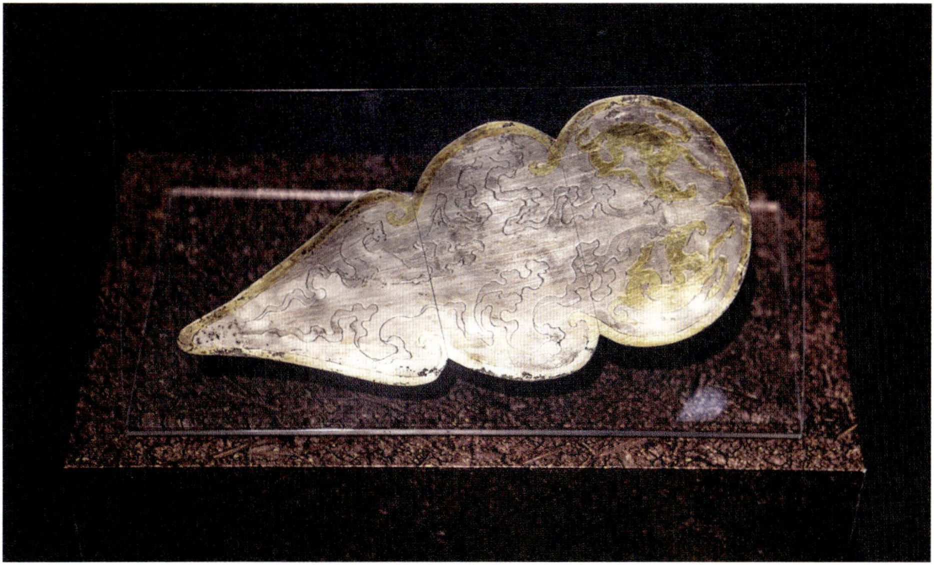

出土的银饰（吃土君 / 摄）

窦皇后陵

孝文俭德虽天纵，暮雨萧萧闻子规。

窦皇后陵（成英文 / 摄）

地　　址	灞桥区狄寨街道白鹿北路
开放时间	全天
收费情况	免费
路线推荐	参考线路 13（P641）

窦皇后陵是汉文帝刘恒皇后窦氏的陵寝，为霸陵陪葬皇后陵，又称窦陵。

2011 年以来进行了大范围的调查勘探。2013 年公布为第七批全国重点文物保护单位。现辟为景区，对外开放。

封土及发掘现场（苟秉宸 / 摄）

窦皇后陵由陵园、封土、墓道、墓室、外藏坑组成。陵园平面呈长方形，南北向；封土位于陵园中部偏南。陵园墙体整体保存较差，地表已无任何遗迹。勘探发现陵园西、南墙残段，窦陵陵园的北、东墙共用霸陵外陵园的北、东墙。共发现北、西、南三处门址。窦陵封土呈覆斗形，底部东西长 153 米、南北宽 137 米；现高 28 米。封土四周中部各发现一条墓道，平面呈梯形，底部斜坡状。墓道内填五花夯土，含料姜石块。墓室因压于封土之下，无法勘探，情况不详。封土周围发现 13 座外藏坑，其中西 8 座、南 3 座、北 2 座。封土西侧外藏坑，均为东西向，封土南、北两侧的外藏坑为南北向。

出土文物主要有彩绘男女陶俑、陶罐、金属钱币、谷物和兽骨（种类多为常见的家禽、家畜，较为特别的为仙鹤骨骼）。

窦猗房（？—前 135），清河观津（今河北衡水）人，汉文帝刘恒皇后。早年为汉宫宫女，赐予代王刘恒后得宠，生二子一女。刘恒即位后封为皇后；汉景帝刘启即位后尊为皇太后；汉武帝刘彻即位后尊为太皇太后。病逝后合葬霸陵。

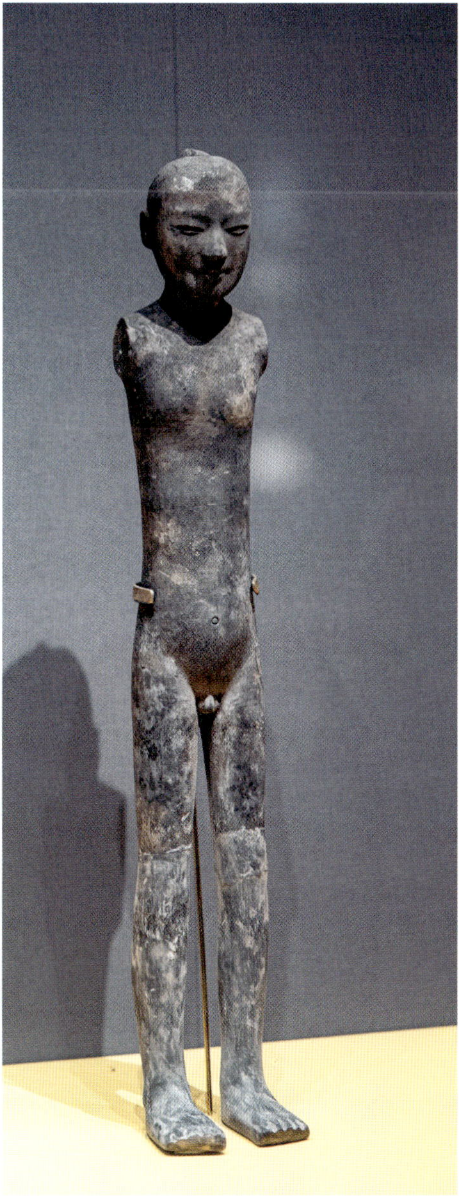

追回的黑色着衣陶男俑（曹乃木／摄）

追回的黑色着衣陶女俑（曹乃木／摄）

杜陵

秋水明落日，流光灭远山。

杜陵陵区（成英文 / 摄）

地　　址	雁塔区雁翔路 1 号
开放时间	10:00—19:00（淡季）；10:00—20:00（旺季）
收费情况	免费
路线推荐	参考线路 17（P648）

杜陵是西汉第七位皇帝汉宣帝刘询及其王皇后、许皇后的陵寝，因位于杜县之东的杜东原上而得名。杜陵也是西汉最后一座有陵邑的帝陵。

杜陵始建于汉元康元年（前 65），历时 18 年而成。1982—1985 年，考古人员开展了较大规模的考古调查发掘工作，确认了墓葬形制，发掘了帝后陵的陵园、门阙、寝殿和便殿遗址。1988 年公布为第三批全国重点文物保护单位。现已辟为景区，对外开放。

杜陵由帝后大陵园、汉宣帝陵园、孝宣王皇后陵园、孝宣许皇后陵园、陵庙、陵邑、祔葬墓等部分组成。其中，汉宣帝和孝宣王皇后陵园内有祔葬墓 57 座，建筑遗址 6 座，外藏坑 100 座。陵邑汉代被称“杜邑”，位于陵园西北部，其中有建筑遗址四处，还有陶窑等遗迹。杜陵周围还发现陪葬墓 75 座。孝宣许皇后陵园在杜陵南约 7 千米的少陵原上，相对独立。

帝后大陵园整体呈长方形，东西向，东西长约 1769 米，南北宽约 1420 米。陵园有一重夯土园墙，现仅存墙基，西、南园墙厚约 3.5 米，北园墙厚 4 米。夯土呈黄褐色，结构致密。园墙外有一重围沟。

杜陵陵区（鸿慈永祜 / 摄）

汉宣帝陵园

汉宣帝陵园位于杜陵帝后大陵园的西侧，呈长方形，南北长 443 米，东西宽 418 米。四周围绕夯土墙，园墙仅保留墙基，西北角被破坏，其余保存较好。夯土呈红褐色，土质致密。四面园墙上各设一门，北、南门分别位于北、南墙正中，西、东门位置略偏南。东门阙与北门阙曾进行发掘，为双出阙。

杜陵封土及碑刻（筱溪听泉 / 摄）

封土位于陵园正中略偏南，呈覆斗形，顶部平坦，底部和顶部均呈正方形，底部边长约 162 米，顶部边长约 50 米，高约 29 米。帝陵为亚字形墓，墓室未勘探，情况不明。在封土四侧正中各发现一条斜坡墓道，平面呈梯形，靠近封土的一端较宽。陵园内发现 31 座外藏坑，长短不一，呈放射状分布在封土四周。封土前有碑碣十余方，其中有清乾隆年间陕西巡抚毕沅所立《汉宣帝杜陵碑》，碑铭至今清晰可辨。

陪葬墓群（任侠生 / 摄）

封土前碑刻（唐时星光 / 摄）

出土的玉舞人（吃土君 / 摄）

出土文物以汉砖、瓦当为主，多藏于杜陵旁的秦砖汉瓦博物馆中。追缴回来的杜陵重要文物，如圆雕玉舞人、玉杯等，现藏于西安博物院。

刘询（前 91—前 48），原名刘病已，汉武帝太子刘据之孙。自幼父母双亡，民间长大，后被霍光拥立为帝。在位 27 年，其间对内剪除霍氏家族，强化皇权，发展社会生产；对外征伐匈奴，稳定西域。综合国力强盛，史称“孝宣中兴”。病崩于未央宫，葬杜陵，庙号中宗，谥号孝宣皇帝。

出土的高足玉杯（王腾 / 摄）

一号外葬坑出土的裸体陶俑（王腾 / 摄）

王皇后陵（成英文 / 摄）

孝宣王皇后陵园

王皇后陵园位于汉宣帝陵园东侧，又称为杜陵东园。陵园园墙呈近方形，南北长约 334 米，东西宽约 328 米。地下墙基保存较完整。夯土呈红褐色，致密坚硬。四面园墙上各辟一门。陵园内靠近西门处发现三座外藏坑。东门曾进行发掘，门阙形制为双出阙。

封土现状（成英文 / 摄）

封土位于陵园正中，呈覆斗形。底部和顶部皆近方形，底部长约 148 米，宽约 144 米；顶部长约 50 米，宽约 45 米；高约 24 米。东、北两侧未发现墓道；南侧无法勘探；西侧发现一条墓道，平面呈梯形，斜坡道。墓室未能勘探，情况不明。

王氏（？ —前 16），邛成侯王奉光之女，汉宣帝刘询第三任皇后。一生无宠无子。许皇后被毒杀、霍皇后被废后，被封为皇后，成为太子刘奭养母。刘奭即位后封为太后，汉成帝刘骜即位后封为太皇太后，称邛成太后。病逝后合葬杜陵。

东门址出土的“长生无极”瓦当（王腾 / 摄）

北门址出土的“长乐未央”筒瓦（王腾 / 摄）

许皇后陵园（成英文 / 摄）

地　　址	长安区大兆街道司马村	收费情况	免费
开放时间	全天	路线推荐	参考线路 18（P650）

孝宣许皇后陵园

许皇后陵园因位于汉宣帝陵园之南，又称杜陵南园。因规模小于杜陵，称为小陵，古代“小”和“少”通假，故也称少陵，少陵原之名由此而来。杜甫常以其表示祖籍郡望，自号“少陵野老”。当地人也称台台冢、司马冢。

许皇后陵封土呈覆斗形三层台，象征仙人居住的昆仑山。底部南北长 139 米，东西宽 134 米；顶部南北长 44 米，东西宽 38 米；高约 22 米。经局部发掘，发现封土北偏西有建筑基址。陵园原有园墙环绕，现地表已不存。

出土文物有陶器、铁器、铜器等，陶器以建筑材料为主，另出土有五铢钱。

许平君（前 88—前 71），山东昌邑（今山东巨野）人，汉宣帝刘询第一位皇后，汉元帝刘奭生母。为人谦逊知礼，被霍光妻指使宫中女医毒死，谥号恭哀皇后。

凤栖原西汉家族墓地

兵甲未休须壮士，闾阎乃敢问封侯。

凤栖原西汉家族墓地（成英文 / 摄）

地　　址	长安区航天中路309号旁
开放时间	全天
收费情况	免费
路线推荐	参考线路17（P648）

凤栖原西汉家族墓地是以西汉中期名臣张安世夫妇墓为中心营建的一座大型家族墓园，是一处遗存丰富的西汉列侯家族墓地。

墓地时代由西汉中期延续到王莽新朝前后，于 2008 年发现，随即进行了考古发掘，其成果入选“2010 年度全国十大考古新发现”。2013 年公布为第七批全国重点文物保护单位。目前已回填。

出土的铜漏壶（曹乃木 / 摄）

出土的“张”字铜印（吃土君 / 摄）

出土的铜权和铜量组合（曹乃木 / 摄）

出土的彩绘漆箱（曹乃木 / 摄）

墓地核心区域是长方形的墓园，由一座带有六个外葬坑的甲字形大型墓 M8、中型墓 M25、高规格祠堂建筑基址以及四条不相连接的兆沟构成。周围祔葬后代 12 座中、小型墓葬。

M8 位于墓园中心，北向，有斜坡墓道。墓圹内前后分置椁室两座和耳室三座。前椁室夯土四壁，内砌砖椁，中置木椁，两椁间填充积炭，椁内置原大的驷马一车两辆，四分之一大的车五辆。用具均青铜、鎏金材质，车舆等髹漆尚存。主椁室被盗焚烧，形制和前椁室相同，清理出完整的玉璧九枚，最大的直径 28 厘米，随葬级别非常高。M8 东、西两侧各置外葬坑三座。坑内设榫卯结构的木椁室放置陪葬品。出土陶、木甲士俑，木质小型车马及军旅用器等，另有金银器、青铜器等各类文物共计 3000 余件，其中“张”字篆书青铜印章、“卫将长史”封泥、“步兵校尉”龟钮银印等都十分珍贵。推测墓主为张安世。

张安世（？ —前 62），京兆杜陵（今陕西西安）人。历经武、昭、宣三朝，为官 50 多年，受封富平侯，累迁大司马、卫将军、录尚书事，集军政大权于一身。病逝后丧制隆厚，赐茔杜东，谥号敬，位列“麒麟阁十一功臣”第二。

蓝田吕氏家族墓地

考古到辛彝，名记壁间碑。

吕氏家族墓地（成英文 / 摄）

地　址	蓝田县三里镇五里头村
开放时间	全天
收费情况	免费
路线推荐	参考线路 26（P666）

蓝田吕氏家族墓地是宋代蓝田官宦名族吕氏家族的墓葬群，也是我国目前发现的保存最完整的北宋家族墓地。

墓地营造于宋熙宁七年（1074），使用至政和六年（1116），共埋葬五代吕氏族人。2005 年其中一处墓葬被盗，2006—2009 年考古人员进行抢救性发掘，其成果入选“2010 年度全国十大考古新发现”。2013 年公布为第七批全国重点文物保护单位。现已回填。

墓地由墓葬兆沟、墓葬群、神道、吕氏家庙四部分组成。

墓地东、西、北均有兆沟环绕。墓葬群有墓葬 29 座，其中成人墓 20 座、儿童墓 9 座，中轴线上自南向北按长幼有序排列，横向分为四排，辈分明确。墓葬均为竖穴墓道、平顶或拱顶土洞墓室，有单室、前后双室、并列双室、单前室双后室、主室带侧室五种形制。有 3 座墓葬主室上部纵向叠置 1—2 个空墓穴，推测作用一是防盗，二是减压。其中，M2 推测为吕大临墓。神道连接墓葬区和家庙，所列石虎、石羊现藏于蔡文姬纪念馆。吕氏家庙初为北宋吕大临四兄弟所建的吕氏庄阁云寺，又称四贤祠；金代毁于战乱；明朝重建改名为吕氏家庙。建筑为 5 开间，开南、北 2 门。

吕大临墓出土的三足铭文敦（吃土君 / 摄）

墓地出土各类遗物 665 件（组），其中瓷器数量多、品相好，以耀州窑为主。骊山石器是每座墓葬中必出的极具地域特点的物品。还出土砖、石材质的墓志铭 24 合。另有古器和仿古器，以仿周代石敦最为特别，现藏于陕西考古博物馆。

吕大临（1042—1090），京兆蓝田（今陕西西安）人，北宋金石学家，著有《考古图》，被誉为“中国考古学鼻祖”。其兄吕大忠为碑林创建者。

出土的螺盏托（曹乃木 / 摄）

出土的青釉银扣刻花花口钵（曹乃木 / 摄）

出土的菊瓣形双龙纹白石盘（曹乃木 / 摄）

吕大忠墓志（吃土君 / 摄）

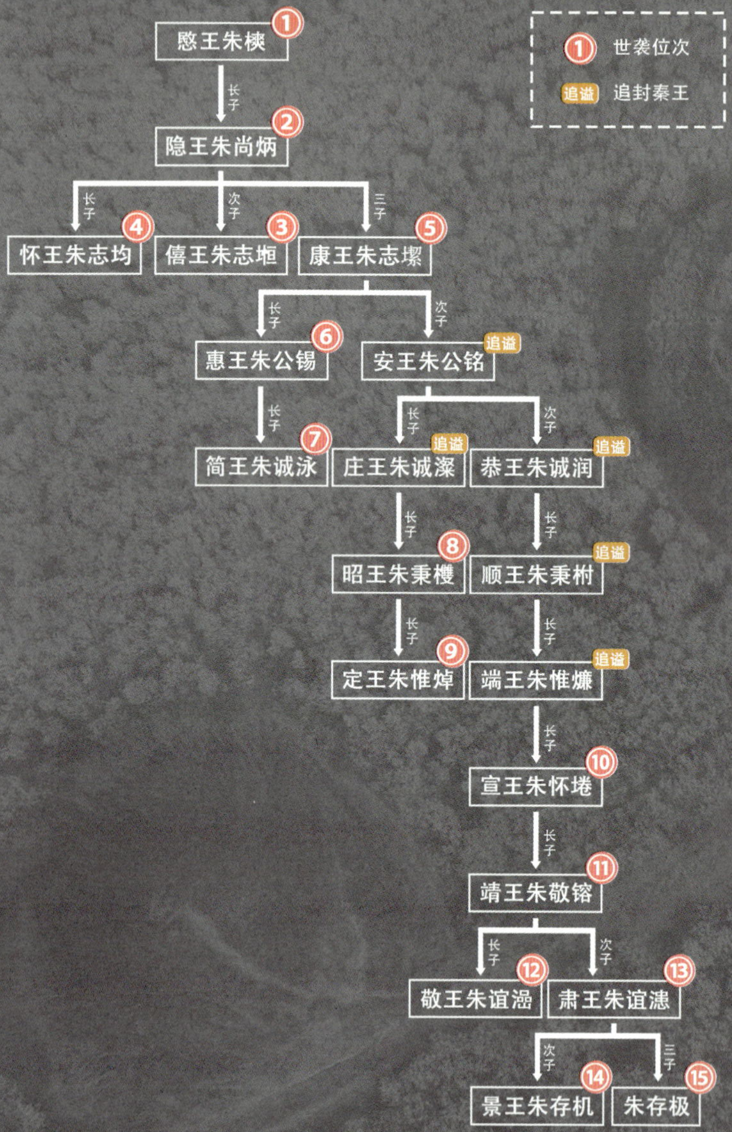
① 世袭位次
追谥 追封秦王
① 愍王朱樉
长子
② 隐王朱尚炳
长子
次子
三子
④ 怀王朱志均
③ 僖王朱志堩
⑤ 康王朱志𡐤
长子
次子
⑥ 惠王朱公锡
追谥 安王朱公铭
长子
长子
次子
⑦ 简王朱诚泳
追谥 庄王朱诚潔
追谥 恭王朱诚润
长子
长子
⑧ 昭王朱秉欆
追谥 顺王朱秉树
长子
长子
⑨ 定王朱惟焯
追谥 端王朱惟熑
长子
⑩ 宣王朱怀埢
长子
⑪ 靖王朱敬镕
长子
次子
⑫ 敬王朱谊湿
⑬ 肃王朱谊滤
次子
三子
⑭ 景王朱存机
⑮ 朱存极

● 明代秦王世系示意图

明秦王墓

石羊石虎排无数，残碑断碣为行路。

明秦王墓是明代秦藩亲王、王妃、郡王、世子和其他宗室成员的墓葬群。秦藩被誉为“天下第一藩”，共历 274 年，传 15 王：愍王朱樉、隐王朱尚炳、僖王朱志堩、怀王朱志均、康王朱志𡐤、惠王朱公锡、简王朱诚泳、昭王朱秉欆、定王朱惟焯、宣王朱怀埢、靖王朱敬镕、敬王朱谊漶、肃王朱谊滰、景王朱存机、末代秦王朱存极；追封五王：安王朱公铭、庄王朱诚潫、恭王朱诚润、顺王朱秉柎、端王朱惟熑。除朱存极被李自成杀于山西，葬处不明外，其余 19 位秦王均葬于明秦王兆域内。

墓群自明洪武十一年（1378）朱樉就藩西安始建，至崇祯十六年（1643）朱存极被俘停用。其后遭严重破坏和盗掘。1986 年开始考古调查。1989 年明秦简王墓被盗。1994—2003 年考古发掘了多处郡王及家族墓。2006 年公布为全国第六批重点文物保护单位。目前多是野外开放状态。

文保单位包含的是至今尚存有封土、神道及地表文物的六座秦王墓园（另有一座秦王世子墓园）。结构一般由墓园围墙、祭祀建筑、墓冢、陪葬墓等组成。王墓与诸妃墓呈品字形分布，丧葬习俗有右尊左卑、右近左远的尚右特点，夫人级别的墓主不能葬入陵园。神道在南部中轴线上，两侧设有石刻，种类有柱、虎、羊、麒麟、马、文官、武官、狮、碑等。

明秦王墓没有进行考古发掘，墓室形制尚不清楚，墓主身份也尚有一定争议。但考古人员发现和征集了一些圹志和相关碑刻，可以印证部分墓主的身份。

山桃花拥簇的秦王墓（苟秉宸／摄）

墓葬全景（鸿慈永祜 / 摄）

墓葬全景（林赵成 / 摄）

地　址	长安区韦曲街道大府井村	收费情况	免费
开放时间	全天	路线推荐	参考线路 17（P648）

秦愍王墓

秦愍王墓是明朝第一代秦王朱樉及其正妃王氏、次妃邓氏的合葬墓园，是明秦王陵墓中占地面积最大、遗存最为丰富的一座。

石虎（鸿慈永祜 / 摄）

墓园坐北向南，原有围墙，内设享殿、寝殿、便殿等，已不存。现仅有秦愍王墓冢 1 座、秦愍王王妃墓冢 2 座、神道、陪葬墓等。神道两侧有石刻 16 件，由南向北依次为：柱 2、虎 2、羊 1（东侧）、麒麟 2、马 4、文官 2、武官 1（东侧）、狮 2，另有神道碑龟趺坐 1 件。秦愍王墓封土为三层台状，底边东西长约 37 米，南北宽约 41 米，高约 16 米。

因墓葬未进行考古发掘，墓主身份尚有疑问。有学者认为，此处墓葬可能是秦隐王朱尚炳墓，其因一是此墓并不是兆域内最北的一座；二是在墓园东北发现了秦隐王朱尚炳王妃唐氏圹志一方（现藏于长安博物馆）；三是秦僖王朱志堩的墓葬也在该墓园内被发现，僖王无子，祔葬其父隐王。所以墓主的身份确认还有待进一步的考古发掘。

石羊（鸿慈永祜 / 摄）

石麒麟（鸿慈永祜 / 摄）

石马（筱溪听泉 / 摄）

石龟趺（成英文 / 摄）

石文官（鸿慈永祜 / 摄）

石武官（鸿慈永祜 / 摄）

朱樉（1356—1395），明太祖朱元璋次子，高皇后马氏生。明洪武三年（1370）封秦王。在位26年，多过失，曾被召还京师。病薨（一说被毒），谥曰愍。正妃王氏为元太傅河南王王保保之妹，后以死殉葬愍王，谥曰愍烈。次妃邓氏为武顺王邓愈之女。

墓区全景（成英文 / 摄）

地　址	长安区大兆街道东伍村	收费情况	免费
开放时间	全天	路线推荐	参考线路 17（P648）

秦隐王墓

秦隐王墓是明朝第二代秦王朱尚炳及其正妃刘氏的合葬墓园。

墓葬现状（筱溪听泉 / 摄）

石马（成英文 / 摄）

墓园坐北向南，原有围墙，内设享殿、寝殿、便殿等，已不存。现仅有秦隐王墓冢 1 座、秦隐王王妃墓冢 1 座、神道、陪葬墓等。神道两侧有石刻 12 件，由南向北依次为：麒麟 2、马 4、文官 2、武官 2、马 2。秦隐王墓封土为覆斗形，底边长约 35 米，高约 9 米。

因墓葬未进行考古发掘，墓主身份尚有疑问。有学者认为，此处墓葬可能是秦愍王朱樉墓，其因是此墓为兆域内最北最东的一座，为最上位。所以墓主的身份确认还有待进一步的考古发掘。

朱尚炳（1380—1412），秦愍王朱樉嫡长子，愍王次妃邓氏生。明洪武二十八年（1395）嗣封秦王。在位 18 年，其间镇压过沔县人高福兴暴动。病薨，谥曰隐。

石麒麟（筱溪听泉 / 摄）

石马（成英文 / 摄）

石文官（成英文 / 摄）

石武官（筱溪听泉 / 摄）

墓区全景（成英文 / 摄）

地　　址	长安区大兆街道康王井村	收费情况	免费
开放时间	全天	路线推荐	参考线路 18（P650）

秦康王墓

秦康王墓是明朝第五代秦王朱志㙉及其正妃陈氏、次妃潘氏的合葬墓园。

神道石刻全景（刘东 / 摄）

墓园坐北向南，原有围墙，内设享殿、寝殿、便殿等，已不存。现仅有秦康王墓冢 1 座、秦康王王妃墓冢 2 座、神道、陪葬墓等。

神道两侧有石刻 8 件，由南向北依次为：天禄 1（东侧废弃涝池内）、马 3（西 2 东 1）、文官 1（西侧）、武官 1（东侧）、狮 2。另有御祭石碑 1 通和神道碑龟趺坐 1 件，御祭碑为明隆庆元年（1567）穆宗继承大统告谕诸王所立，碑文保存尚完整。秦康王墓封土为覆斗形，被破坏后呈长条状，底边东西长约 7 米，南北宽约 15 米，高约 5 米。

石马（筱溪听泉/摄）

石狮（刘东/摄）

石文官（刘东/摄）

墓园内早年出土秦康王正妃陈氏圹志1方，原藏于附近农家院落中，现已收回长安文管所保存。

朱志𡐤（1404—1456），秦隐王朱尚炳庶三子，隐王夫人唐氏生。初封富平王，明宣德三年（1428）继承兄位，嗣封秦王。在位29年，为人仁爱恭敬，有《默庵集》行世，谥曰康。

石武官（郑茂良/摄）

正妃陈氏圹志局部（北极熊/摄）

神道碑（唐时星光/摄）

石龟趺（筱溪听泉/摄）

墓区全景（成英文/摄）

地　址	长安区大兆街道庞留井村	收费情况	免费
开放时间	全天	路线推荐	参考线路 18（P650）

秦惠王墓

秦惠王墓是明朝第六代秦王朱公锡及其正妃王氏、次妃杨氏、继妃稽氏的合葬墓园。

神道石刻（卞润梓 / 摄）

石虎（刘东 / 摄）

墓园坐北向南，原有围墙，内设享殿、寝殿、便殿等，已不存。现仅有秦惠王及正妃合葬墓冢 1 座、秦惠王王妃墓冢 2 座、神道、陪葬墓等。神道两侧有石刻 15 件，由南向北依次为：柱 2、虎 2、羊 2、麒麟 2、马 4、文官 1（东侧）、武官 2。另有秦惠王神道碑 1 通和秦惠王暨正妃王氏合葬墓记墓碑 1 通。秦惠王墓封土为覆斗形，底边东西长约 21 米，南北宽约 19 米，高约 8 米。

石马（唐时星光 / 摄）

石麒麟（成英文 / 摄）

石武官细节（成英文 / 摄）

石文官（成英文 / 摄）

合葬墓记墓碑（林赵成 / 摄）

2009 年未被盗走的柱头石兽（穆海宏 / 摄）

神道碑（刘东 / 摄）

墓园内早年出土秦惠王妃稽氏圹志 1 方，现藏于长安博物馆。

朱公锡（1437—1486），秦康王朱志𡐤嫡长子，康王正妃陈氏生。明天顺二年（1458）袭封秦王。在位 29 年，其间爱民好与，谥曰惠。

墓区全景（成英文 / 摄）

地　址	长安区韦曲街道简王井村	收费情况	免费
开放时间	全天	路线推荐	参考线路 17（P648）

秦简王墓

秦简王墓是明朝第七代秦王朱诚泳的墓园。

墓葬现状（成英文 / 摄）

墓园坐北向南，原有围墙，内设享殿、寝殿、便殿等，已不存。现仅有秦简王墓冢和神道等。神道两侧有石刻 13 件，南向北依次为：柱 2（附近村庄中）、虎 1、朝天犼 1、麒麟 2、马 3（东 2、西 1）、文官 2、武官 2。秦简王墓封土为覆斗形，现存底边东西长约 6 米，南北宽约 20 米，高约 6 米。

墓葬多次被盗，1989 年文物部门追缴回彩绘陶仪仗俑群一组，现藏于陕西历史博物馆，是明秦王墓群最有代表性的文物。因墓葬未进行考古发掘，墓主身份尚有疑问。墓园附近发现了宣王世子朱敬鈴的墓园，且早年在此征集到秦景王朱存机的圹志（现藏于长安博物馆），因此有观点认为，此墓可能是秦宣王朱怀埢墓。所以，墓主的身份确认还有待进一步的考古发掘。

朱诚泳（1458—1498），秦惠王朱公锡庶长子，惠王次妃杨氏生。初封镇安王，明成化二十三年（1487）袭封秦王。在位 13 年，善作诗，重视教育，谥曰简。

石朝天犼（筱溪听泉 / 摄）

石麒麟（北极熊 / 摄）

石虎（筱溪听泉 / 摄）

石文官（成英文 / 摄）

石武官（唐时星光 / 摄）

石柱（北极熊 / 摄）

出土的仪仗俑（王腾 / 摄）

墓区全景（成英文 / 摄）

地　　址	长安区韦曲街道三府井路
开放时间	全天
收费情况	免费
路线推荐	参考线路 17（P648）

秦宣王墓

秦宣王墓是明朝第十代秦王朱怀埢的墓园。

墓园坐北向南，原有围墙，内设享殿、寝殿、便殿等，已不存。现仅有秦宣王墓冢和神道等。神道两侧有石刻10件，由南向北依次为：柱2、虎2、羊2、人牵马2、文官2，另有神道碑龟趺坐1件。秦宣王墓封土为覆斗形，现存底边东西长约19米，南北宽约21米，高约6米。

墓区全景（郑茂良 / 摄）

牵马人石刻（唐时星光 / 摄）

因墓葬未进行考古发掘，墓主身份尚有疑问。由于此墓神道石刻没有麒麟、武官，等级规制低于其他秦王墓，因此有观点认为此墓是秦愍王朱樉嫡三子、保安怀僖王朱尚煜的墓园。墓主的身份确认还有待进一步的考古发掘。

朱怀埢（1524—1566），秦端王朱惟燫嫡长子，秦定王朱惟焯之侄。初封镇国中尉，明嘉靖二十七年（1548）嗣封秦王。在位19年，其间善闻周达，谥曰宣。

石文官（郑茂良／摄）

世子墓复原现状（唐时星光 / 摄）

地　址	长安区神州六路与航开路路口
开放时间	全天
收费情况	免费
路线推荐	参考线路 17（P648）

世子墓

世子墓是秦宣王朱怀埢世子朱敬鈐的墓园。

墓冢早年已遭破坏无存，地面原有石刻 3 件（麒麟 1、马 2）和墓碑 1 通，石刻已移长安区文化馆室外存放；墓碑收存于博物馆，碑额篆书“睿赐墓碑”，碑文题“赐嫡子敬鈐墓碑”，为秦宣王朱怀埢亲书。

2018 年，对墓园进行了整治，并复原神道及墓碑，建成世子公园对外开放。

朱敬鈐（1555—1560），秦宣王朱怀埢嫡次子，天资聪慧，因痘疹薨逝，追封为世子。

世子墓石刻（北极熊/摄）

石麒麟（北极熊/摄）

石马（北极熊/摄）

第三章 古建筑

西安有 3100 多年的建城史和 1100 多年的建都史，但经战火罹乱、宫宇迁徙，元代以前木结构建筑多已不存。今存较多者为唐宋时的砖石建筑和明清时的木构建筑。截至 2021 年的数据统计，西安地域内市级及以上的古建筑类文物保护单位数量为 82 个。其中，国家级文保 21 个，省级文保 31 个，市级文保 30 个。

隋代建筑仙游寺法王塔是西安现存古建筑的最早代表。虽保持了时代风貌，但因修建水库搬离原址，致其原真性有所缺失。

唐代是西安建都史上极为辉煌的时期，有“川原缭绕浮云外，宫阙参差落照间”之盛况。如今宫殿已逝，只有许多佛塔仍巍峨耸立，西安现存唐代古建筑有 11 个。其中，大雁塔（国一）作为世界上现存规模最大的四方楼阁式砖塔最为知名。其建筑形制也直接影响了后世佛塔的修筑，如陕西澄城的精进寺塔、山西永济的普救寺塔均仿其而造。此外，小雁塔（国一）、兴教寺塔（国一）、香积寺善导塔（国五）、鸠摩罗什舍利塔（国五）、八云塔（国五）等浮屠群立，为后人展现着大唐的佛教兴盛。其中的鸠摩罗什舍利塔虽体量很小，但工艺精巧，材质上乘，具有极高的艺术价值和无可替代的文化内涵，是研究佛塔建筑史、中国佛教发展史的珍贵实物。

唐代以后西安再未成为都城，但西安的地位仍举足轻重，一直是拱卫国家西部的存在，宋元两朝都极为重视西安，这个时期的古建筑有 5 个。其中，大秦寺塔（国六）和敬德塔（国七）两座宋塔保存相对完好，与山势呼应，别有风味。户县化羊庙东岳献殿（国八）是单檐庑殿顶建筑，建筑风格和室内彩画都有鲜明的元代特征，是西安地区不可多得的建筑标本。

明清时期的建筑因时代较近，数量较多。加之秦藩在明代的地位，建筑等级、规格和精美程度都相对较高，这时期的古建筑共计 65 个。公输堂（国五）是其中的佼佼者，是全国最精美的小木作天宫楼阁式古建筑之一，为研究中国小木作建筑史提供了实物依据。水陆庵（国四）以繁密的佛教彩塑天下闻名，墙壁悬塑北墙降生、南墙涅槃，意境高远。底部的 24 神将，神态威武，是传统雕塑技术的完美体现。西安城墙（国一）、西安钟鼓楼（国四）和西安城隍庙（国五）等大型明代建筑，因整体保存完好而闻名遐迩，成为西安的城市文化符号。

仙游寺法王塔

竹间泉落山厨静，塔下僧归影殿空。

仙游寺航拍（成英文／摄）

地　址	周至县马召镇黑水峪口
开放时间	全天
收费情况	免费
路线推荐	参考线路 29（P672）

仙游寺法王塔又称仁寿舍利塔，是隋文帝为安置佛舍利而敕建的佛塔。因地宫出土唐开元舍利塔铭，故塔有唐代重建一说。

仙游寺远景（成英文 / 摄）

法王塔正面全景（荒海君 / 摄）

塔始建于隋仁寿元年（601），为隋文帝敕建的百座舍利塔之一。寺址原为仙游宫，建于开皇十八年（598），为隋代行宫之一，后因建塔改为仙游寺。唐大中年间（847—859），宣宗将其扩建为三寺。明正统六年（1441），西域喇嘛桑加巴主持修缮，更名为普缘禅寺。清康熙二年（1663）重修，复称仙游寺。1996 年公布为第四批全国重点文物保护单位。1999 年因建设周至黑河水库，将塔移建于水库北塬上，2003 年完工。现辟为景区，对外开放。

塔体现状（刘东 / 摄）

塔为密檐式砖塔，平面为正方形，底层边长 8.7 米，7 层，通高 35 米。塔由地宫、基座、塔体和塔刹四部分构成，塔内安置有地宫和天宫，分别奉安舍利。地宫位于塔基正中，门南向，由平台、踏步、浸道、隧道、宫室五部分构成。宫室约 1.5 米见方，石门已残，门楣上有线刻菩萨画像。宫室正中置石函，四面均有乐舞人物礼佛线刻画。石函内有方形石槽，内置鎏金铜棺，棺内置琉璃瓶，瓶内有佛舍利 10 枚。地宫上为基座，高约 5 米。塔底层南面辟有一券门，内有正方形塔室，塑卧佛及十大弟子侍立像，东、北、西三面各嵌碣石两方。二层以上为实心。各层正南面辟一券门，其他各面均为素面。各层间平砖叠涩出檐。塔顶为平砖攒尖，塔刹已毁。

《舍利塔下铭碑》（田有前 / 摄）

迁建过程中发现文物有舍利、石棺、石函，另有隋《舍利塔下铭碑》和唐《仙游寺舍利塔铭碑》，以《舍利塔下铭碑》最为珍贵，现藏于仙游寺博物馆。

法王塔地宫石函（田有前 / 摄）

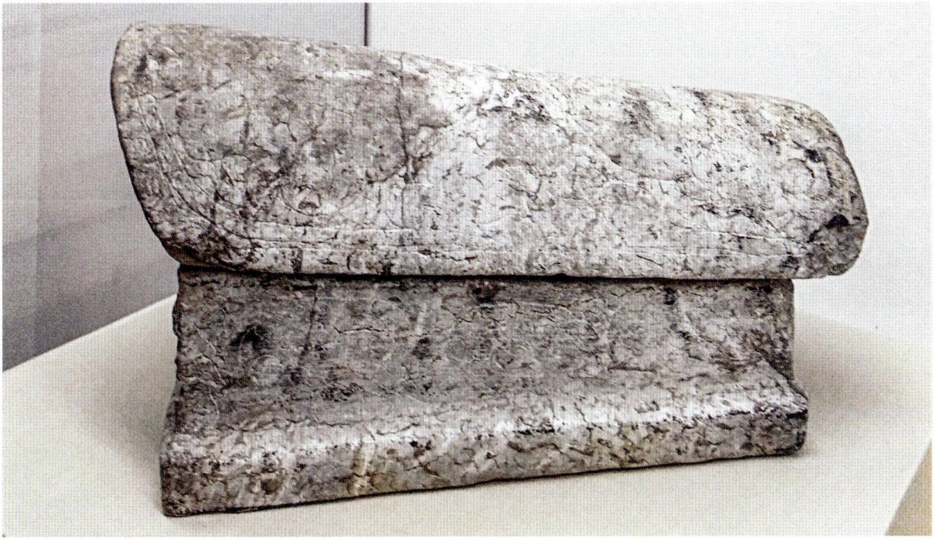

法王塔天宫中的石棺（田有前 / 摄）

法王塔天宫中的鎏金铜棺（郭浩军 / 摄）

大雁塔

雁塔巍然立大地，玄奘译经垂千秋。

俯瞰大雁塔（苟秉宸／摄）

地　址	雁塔区雁塔南路北端大慈恩寺内
开放时间	08:30—17:30
收费情况	收费
路线推荐	参考线路 15（P644）

大雁塔即大慈恩寺佛塔，是唐代僧人玄奘为安置佛经而建的佛塔，也是世界现存年代最早、规模最大的四方形楼阁式砖塔。因当时可用大雁指代佛塔，故名“雁塔”。明清时为和荐福寺塔（小雁塔）区分，冠以今名。

大雁塔景区（王腾 / 摄）

大雁塔始建于唐永徽三年（652），原址为隋无漏寺。贞观二十二年（648），太子李治为追念生母文德皇后奏请太宗敕建佛寺，名曰慈恩寺，由从天竺归来的玄奘总理寺务。玄奘为妥善珍存佛经遂请建佛塔，初为五层，仿印度佛陀伽耶塔修筑，不可攀登。

武则天长安年间（701—704）曾倾倒，重建后增至10层。后遭战火，至北宋仅存7层。明万历三十二年（1604）重修后方成今貌。

雁塔晴空（王腾 / 摄）

雁塔霞光（王腾 / 摄）

雁塔沐雪（成英文 / 摄）

雁塔夜景（成英文 / 摄）

大雁塔顶部俯瞰（王腾 / 摄）

塔林（任侠生 / 摄）

1961 年公布为第一批全国重点文物保护单位。2014 年作为“丝绸之路：长安—天山廊道的路网”中的遗址点列入《世界遗产名录》。现辟为景区，对外开放。

雁塔内部（鸿慈永祜 / 摄）

塔为楼阁式砖塔，平面为正方形，底层边长 25 米，7 层，通高 64.8 米。塔由塔基、塔身、塔刹三部分组成，单壁中空，内设木质楼梯，可至顶层。塔基高 4.2 米，南侧有踏步。

大雁塔题刻（筱溪听泉 / 摄）

《大唐三藏圣教序碑》碑首
（任侠生 / 摄）

大雁塔题刻（任侠生 / 摄）

大雁塔题刻（任侠生 / 摄）

底层四面石门上绘有线刻图案及佛像，南门两侧砖龛内分别嵌有唐太宗撰文的《大唐三藏圣教序碑》和唐高宗撰文的《大唐三藏圣教序记碑》。塔体收分明显，每层高度和面宽均逐渐收减，塔壁厚度亦逐层向上收减。5、6、7 层立面均开券门，其余各层当心间开券窗，外壁塔檐、阑额、斗拱等均效仿木结构建筑形制用砖砌成。塔身每层叠涩出檐，檐角悬挂风铎。塔刹叠涩收顶，上置三重葫芦状宝刹。

小雁塔

大海龙宫无限地，诸天雁塔几多层。

小雁塔景区（王腾 / 摄）

地　址	碑林区友谊西路 72 号
开放时间	旺季 09:00—18:00，淡季 09:00—17:30（周二闭馆）
收费情况	免费（登塔收费）
路线推荐	参考线路 15（P644）

小雁塔即荐福寺佛塔，是唐代僧人义净为安置佛经而建的佛塔。“雁塔晨钟”为关中八景之一。

小雁塔北面全貌（王腾 / 摄）

小雁塔南面及附属建筑（鸿慈永祜 / 摄）

小雁塔星轨（李文博 / 摄）

塔原址为隋炀帝与唐中宗登基前的府邸。唐文明元年（684），武则天为给驾崩百日的唐高宗献福而敕立佛寺，名献福寺。天授元年（690），更名为荐福寺。景龙年间（707—710），驻寺僧人义净为珍存天竺佛经而请建佛塔。唐末，荐福寺毁于战火，仅塔尚存。后经多次重修，使寺、塔合一，至明正统年间（1436—1449）形成今貌。成化二十三年（1487）临潼大地震，塔顶坠毁。其后历经多次地震，三裂三合，堪称奇迹，但 14、15 层被毁。其后多次维修，并将贯通至顶的地震裂缝弥合加固。1961 年公布为第一批全国重点文物保护单位，2014 年作为“丝绸之路：长安—天山廊道的路网”中的遗址点列入《世界遗产名录》。现已辟为景区，对外开放。

塔顶俯瞰（王腾 / 摄）

雁塔绕行（苟秉宸 / 摄）

小雁塔内部（贺兰鹈鹕 / 摄）

塔为密檐楼阁式砖塔，平面为正方形，底层边长 11.4 米，13 层，通高 43.4 米。单壁中空，内设木质楼梯，可至顶层。砖砌基座边长约 24 米、高 3.2 米，南北方向设踏步。塔底层南、北两面各辟一券门，青石门楣上阴刻天人供养图和蔓草花纹；北券门外有清代增建的砖砌门楼；东、西两面为素面，不辟门窗。2 层以上边长及高度均逐层收减，形成抛物线形外廓。2 层以上各层南、北两面均辟一券窗，东西两面均为素面。第 5 至 11 层南、北券门两侧多有平砖叠涩砌筑的方形小塔一座。每层檐角都埋有上下两根挑檐木，以加固挑檐。塔外表无装饰，只在叠檐下加砌菱角牙子。

兴教寺塔

塔前尽礼灰来相，衲下谁宗印了心。

兴教寺（成英文 / 摄）

地　址	长安区兴教寺路北端护国兴教寺内
开放时间	09:00—18:00
收费情况	免费
路线推荐	参考线路 18（P650）

兴教寺塔为兴教寺佛塔群，包含唐代高僧玄奘及其弟子窥基、圆测的舍利塔。

三塔并立（刘远航 / 摄）

塔群中的玄奘塔又称大遍觉塔，为玄奘舍利塔。唐麟德元年（664），玄奘圆寂于玉华宫，先葬于浐河东岸；总章二年（669）迁葬于此并建塔。肃宗时期题塔额“兴教”二字，并建寺，其后一度荒废。永淳元年（682）、二年（683），玄奘弟子窥基、普光先后祔葬玄奘塔侧，形成最初的兴教寺三塔。太和二年（828）普光塔塌毁无存，窥基塔损坏严重。安国寺义林等人募资将窥基遗骨掘出火化，移至更靠近玄奘塔的位置重建窥基塔，并修葺玄奘塔，立二塔铭（塔铭只字未提普光塔，证明晚唐时普光塔已无人知晓，直到清代普光塔铭出土才为人所知）。宋政和五年（1115），同州龙兴寺僧人广越迁葬圆测部分灵骨于该寺，建测师塔于东侧，形成今天的兴教寺三塔格局。后屡经毁坏与重修方成今貌。1961 年公布为第一批全国重点文物保护单位，2014 年作为“丝绸之路：长安—天山廊道的路网”中的遗址点列入《世界遗产名录》。现辟为景区，对外开放。

兴教寺三塔（苟秉宸 / 摄）

三塔的位置关系（成英文 / 摄）

玄奘塔

玄奘塔为楼阁式实心砖塔，平面为正方形，底层边长 5 米，5 层，高 21 米。底层南、北两面各辟一券龛，南面龛内立玄奘塑像。北面嵌有唐尚书刘轲撰文、僧人建初书写的《唐三藏大遍觉法师塔铭并序》，详细记述了玄奘的生平事迹。东、西两面为素面：上部均为两层平砖隐砌阑额，阑额上坐斗拱，其位置与塔第二层的柱头斗拱和转角斗拱上下对应。塔身收分明显，2 层及以上各层面宽和高度均逐层递减。2 层以上用平砖隐砌倚柱、阑额、普拍枋和斗拱。第 2、4 层东、西两面和第 3、5 层南、北两面当心间辟券龛，龛内均置法师塑像，各层间平砖叠涩出檐。塔顶为平砖叠涩攒尖，上置宝瓶葫芦式塔刹。

玄奘（602—664），本名陈祎，洛州缑氏（今河南偃师）人，汉传佛教佛经翻译家，汉传佛教唯识宗创始人。13 岁出家，21 岁受具足戒。28 岁从西安出发，经新疆及中亚等地到达中印度。师从戒贤论典，后返回长安。归国后受唐太宗召见，译注佛经。经历由其口述，编撰为《大唐西域记》。

玄奘塔俯瞰（筱溪听泉 / 摄）

玄奘塔全景（筱溪听泉 / 摄）

基师塔（刘东/摄）

测师塔（刘东/摄）

基师塔

基师塔为楼阁式实心砖塔，平面为正方形，底层边长 2.4 米，3 层，通高 6.76 米。底层东面辟券龛，内置窥基塑像；西面嵌有《大慈恩寺大法师基公塔铭并序》碑一通；南、北两面均为素面。第 2 层东面嵌有“基师塔”砖刻塔铭，其他三面素面。第 3 层四面均素面。各层间叠涩出檐，塔顶置宝瓶式塔刹。

窥基（632—682），本姓尉迟，字洪道，唐代高僧，唯识宗第二代领袖、实际创始人，被尊称为慈恩法师。17 岁出家，奉敕为玄奘弟子，入弘福寺，后移住大慈恩寺，从玄奘习梵文及佛教经论。后游太行、五台山，宣讲大法，著述甚多，时称百本疏主。

测师塔

测师塔与基师塔东西相对，其形式与基师塔一致，通高 7.1 米。底层西面券龛内置圆测塑像；东面塔壁嵌有民国时期重刻的《大周西明寺故大德圆测法师佛舍利塔铭并序》碑一通；南、北两面均为素面。第 2 层塔身西面嵌有“测师塔”砖刻塔铭，其他三面素面。其他细节皆与基师塔同。

圆测（613—696），名文雅，唐代新罗僧人，被尊为海东瑜伽之祖。原为新罗王孙，自幼出家。15 岁到中国，初从法常、僧辨游历，后埋头经案。玄奘归国后，受学于玄奘。圆寂后最早起塔于洛阳龙门东山香山寺，部分灵骨葬终南山丰德寺后，又由同州龙兴寺广越分部分葬于此。

测师塔塔额（成英文 / 摄）

测师塔铭并序（贺兰鹈鹕 / 摄）

香积寺善导塔

连空朔气横秦苑，满目寒云隔灞陵。

香积寺俯瞰（成英文 / 摄）

地址	长安区郭杜镇香积寺村香积寺内
开放时间	08:00—18:00
收费情况	免费
路线推荐	参考线路 19（P652）

香积寺善导塔又称善导和尚塔，是唐代净土宗门徒为纪念祖师善导和尚而建的佛塔，所在的香积寺是汉传佛教净土宗祖庭。

香积寺塔（鸿慈永祜 / 摄）

塔内部（鸿慈永祜 / 摄）

塔始建时间不详，一说为唐神龙二年（706）由善导嫡传弟子怀恽倡议兴建，同时依塔建寺，形成寺、塔一体的建筑格局。该寺初建时规模宏大，唐末后逐渐衰落。北宋太平兴国三年（978）更名为开立寺，不久复归原名。明嘉靖年间（1522—1566）与清乾隆三十二年（1767），对该寺进行过大规模重修，后又损毁严重。20 世纪以来，寺与塔经多次修缮方成现状。2001 年公布为第五批全国重点文物保护单位。现辟为景区，对外开放。

塔为密檐式砖塔，平面为正方形，底层边长 9.5 米，共 11 层（原 13 层），高约 33 米。单壁中空，内置木质楼梯，可至塔顶。塔底层四面均辟券门，有踏步可进入塔室。南面券门上嵌有清乾隆年间砖刻“涅槃盛事”横额，其他均为素面。塔体收分明显，2 层以上各层塔身面宽和高度均逐层收减。塔壁均以青砖隐砌倚柱、阑额和斗拱。当心间辟券门，次间隐砌卧棂假窗，窗两侧隐砌槏柱；柱头与补间均用栌斗一朵，柱间施阑额，阑额用二层平砖隐砌。各层间均叠涩出檐，饰菱角牙子。

塔体细节
（贺兰鹔鹴 / 摄）

塔体上的菱角牙子
（鸿慈永祐 / 摄）

善导（613—681），本姓朱，青州临淄（今山东淄博）人，汉传佛教净土宗第二代祖师，净土宗实际创始人。少年出家，后师从道绰大师，受净土教。继而回悟真寺，创立净土宗。晚年住长安实际寺，还曾管理洛阳龙门奉先寺洞的营造。

塔附近的经幢（卞润梓 / 摄）

鸠摩罗什舍利塔

舍利开层塔，佛语迦陵说。

草堂寺景区（成英文 / 摄）

地址	鄠邑区草寺路东端草堂寺内
开放时间	09:00—17:00
收费情况	收费
路线推荐	参考线路 23（P660）

鸠摩罗什舍利塔是安置后秦高僧鸠摩罗什舍利的石塔，所在的草堂寺是汉传佛教三论宗祖庭。因由八色大理石及玉石拼雕而成，故又称八宝玉石塔。

塔亭外的鸠摩罗什像（那蓝 / 摄）

塔所在的草堂寺因鸠摩罗什苫草为堂翻译佛经而得名。寺原不在此，后因战火移建于今址。唐元和年间（806—820），唐宪宗敕命重修该寺，改名栖禅寺。唐末寺毁，仅舍利塔存。宋乾德四年（966）重修后改称清凉建福院。金明昌四年（1193）修缮后复称草堂寺，并造亭保护舍利塔。清同治年间（1862—1875），因战火损毁严重，重建后又被山洪冲毁。其后历经多次大修方成今貌。2001 年公布为第五批全国重点文物保护单位。现辟为景区，对外开放。

舍利塔正南面全景（李昭 / 摄）

舍利塔正北面细节（李昭 / 摄）

塔为八角亭阁式石塔，单层，高约 2.5 米。由基座、塔基、塔身和塔顶四部分组成。基座为正方形，边长 1.7 米。座上为 4 层须弥座塔基，第 1 层刻须弥山、佛、兽等，2—4 层为水波、流云、蔓草花纹等。其上为塔身，转角处均浮雕倚柱，柱间雕刻阑额。正南面做浮雕门，上饰门钉和锁；正北面双排竖刻“姚秦三藏法师鸠摩罗什舍利塔”铭；正东面为宋参知政事权邦彦题偈；正西面无内容；其他面皆浮雕直棂窗。塔顶为四角攒尖，屋檐下线刻飞天。屋面浮雕屋脊、瓦垄。塔刹须弥座上刻授花蕉叶、仰覆莲，上承扁圆形宝珠。

鸠摩罗什（343—413），天竺人，生于龟兹（都城在今新疆库车），汉传佛教翻译家。7 岁随母出家，初学小乘，后遇到莎车国名僧，改学大乘，名闻西域诸国。龟兹灭后，被劫至凉州 17 年。后被迎入长安，以国师礼待，主持译经、说法。

维修后的塔刹细节（鸿慈永祜 / 摄）

塔基座细节（筱溪听泉 / 摄）

八云塔

杰构凌霄景运新，葱葱郁郁瑞光浮。

八云塔即瑞光寺塔，因塔身底层每面各有两片明显的阴湿痕迹，即使大旱时节亦不干，形似浮云，故名。

塔始建时间不详，所在瑞光寺一说为唐元和十四年（819）建，宋太平兴国三年（978）更名崇明寺；一说为唐景龙二年（708）建，明永乐六年（1408）重建，更名善胜寺。嘉靖三十四年（1556）关中大地震导致塔顶塌落，塔身倾斜。明末，寺毁于战火，塔保存完好。清初修缮。1946 年改建为西街小学，寺、塔分离。1987 年又进行大规模修缮，方成今貌。1999 年发现地宫被盗，进行了抢救性发掘。2001 年公布为第五批全国重点文物保护单位。现辟为景区，对外开放。

地　址	周至县云塔南街北端
开放时间	全天
收费情况	免费
路线推荐	参考线路 28（P670）

八云塔（成英文 / 摄）

八云塔全景（筱溪听泉 / 摄）

塔体细节（筱溪听泉 / 摄）

塔为密檐式砖塔，平面为正方形，底层边长 9.05 米，11 层（原 13 层），残高 35.74 米。单壁中空，内原设木质楼梯，清代焚毁不存。地宫分上、下层，上层是一个封闭的方形砖室，下层是一个带甬道的方形攒尖顶砖室地宫。地宫上为塔基，平面呈方形，边长 21.2 米。塔基上为塔体，底层北面正中辟券门，其他三面为假券门（门洞式券龛）。底层西南角有一根倚柱，其他各面均无倚柱。塔整体收分柔和，2 层以上逐层收减，略有卷杀，呈方锥形。2 层以上每层当心间均有两个对开券门，第 2 层南北向对开，向上逐层相错。四面以平砖隐砌阑额，上托斗拱。2—5 层每面均用青砖雕出仿木结构三间，并隐刻倚柱、阑额等。2—5 层檐下柱头上隐刻出栌斗，6 层至顶部檐下无斗拱装饰。塔刹早年已毁。

由于地宫被盗，随葬器物已被扰乱，仅存石函、石棺、汉白玉佛龛造像、石磨盘和钱币等。

长安华严寺塔

双塔已多诸佛机，雁荡又何有僧客。

华严寺景区（贺兰鹕鹳 / 摄）

地　址	长安区杜曲镇樊川路北段少陵塬畔
开放时间	10:00—17:00
收费情况	免费
路线推荐	参考线路 18（P650）

长安华严寺塔为华严寺双塔，包括杜顺禅师塔和清凉国师塔，是安置唐代高僧杜顺与澄观遗骨的舍利塔，所在的华严寺是汉传佛教华严宗祖庭。

双塔全景（成英文 / 摄）

双塔与远处的终南山（李琼 / 摄）

双塔夕照（筱溪听泉 / 摄）

双塔所在华严寺始建于唐贞观年间，杜顺禅师塔建于贞观十九年（645），清凉国师塔始建时间不详。寺后因战火及自然原因损毁，至元九年（1272）与清乾隆年间（1736—1796）均有重建。1930 年又重修二塔，并复建该寺部分建筑。1984 年因降雨致少陵塬沉陷，清凉国师塔多处开裂，迁建于今址。后又多次修缮方成今貌。2006 年公布为第六批全国重点文物保护单位。现辟为景区，对外开放。

杜顺禅师塔前曾立有唐大中五年（851）杜殷撰文、董景仁草书的《大唐华严寺杜顺和尚行记》碑，现藏于西安碑林博物馆。

杜顺禅师塔（成英文 / 摄）

杜顺禅师塔

杜顺禅师塔又名真如塔，楼阁式实心砖塔，平面为正方形，底层边长 5.5 米，7 层， 通 高 21.2 米。塔下台基为方形，边长 9.8 米，高 1.5 米。现基座是后人为保护塔体第一层修筑的，原唐代塔基在现地面下 1.8 米处。塔第一层南面中间辟券门（已封堵），内筑龛堂；东、西面辟有券龛；北面为素面。四面均用砖隐砌阑额和斗拱，阑额上承斗拱；除第 2 层南面、第 3 层南面和第 4 层的南、西、北面辟券龛外，其他各层各面均为素面。第 2 层以上各层均隐砌倚柱、阑额和斗拱。4 根倚柱为八边形，分塔面为 3 间。柱头上斗拱均与底层相同。柱间平砖两层隐砌阑额。第 3 层南面刻“无垢净光宝塔”六字，第 7 层南面刻有横额“严主”两字。各层间叠涩出檐，檐下饰菱角牙子，四角悬挂风铎。塔顶平砖叠涩攒尖，置宝瓶式塔刹。

月出杜顺禅师塔（筱溪听泉 / 摄）

杜顺禅师塔细节（鸿慈永祜 / 摄）

法顺（557—640），俗姓杜，故又称杜顺和尚，雍州万年（陕西西安）人，华严宗初祖。18 岁出家，从因圣寺僧珍禅师，受持定业。后住终南山，宣扬华严教纲。唐太宗闻其德风，引入宫内礼遇，称其“帝心”，故又称帝心尊者。

清凉国师塔（成英文/摄）

清凉国师塔侧面（成英文 / 摄）

清凉国师塔

清凉国师塔又称澄观塔，楼阁式实心砖塔，平面为正六边形，底层边长 2.2 米，7 层，通高 16.7 米。塔体由两部分组成。下部为元代重建，包含第 1、2 层塔身，高约 6 米。塔基为六角双重束腰须弥座，6 面均刻有花纹。上部为清代重建的 5 层塔身以及塔顶，高约 10 米。3—7 层各面均未辟券门，砌倚柱 4 根，柱头上设普拍枋一道，上承柱头斗拱。各层间均叠涩出檐，下饰菱角牙子。第 4 层南面嵌有“大唐清凉国师妙觉之塔”石质塔铭。

迁建过程中于塔基和第 3 层塔心处发现鎏金佛像 1 座、琉璃舍利瓶 1 个、开元通宝 1 枚。

澄观（738—839），俗姓夏侯，越州山阴（今浙江绍兴）人，华严宗四祖。11 岁出家，20 岁从妙善寺常照受具足戒。后住锡大华严寺，共撰《华严经疏》400 余卷。唐德宗寿辰时奉诏入宫宣讲《华严经》，被授“清凉国师”称号。

出土的舍利石函（朱子风 / 摄）

清凉国师塔元代塔铭
（贺兰鹈鹕 / 摄）

清凉国师像（贺兰鹈鹕 / 摄）

昭慧塔

浮屠屹立遥天外，孤飞一雁秦云秋。

昭慧院景区（筱溪听泉 / 摄）

地　　址	高陵区昭慧大道昭慧广场
开放时间	全天
收费情况	免费
路线推荐	参考线路 22（P658）

昭慧塔又称三阳塔、三阳寺塔、高陵塔，有“渭北第一古塔”之称，是高陵区地标建筑。塔始建时间不详，所在昭慧院建于唐大中年间（847—859）。因昭慧院位于咸阳、泾阳、渭阳三地以东而又名三阳寺，塔因寺得名。明嘉靖三十四年（1556）与隆庆六年（1572）两次地震致其主要建筑均遭损毁。清同治元年（1862）寺毁于战火，仅塔尚存。1981 年后屡经维修方成今貌。2006 年公布为第六批全国重点文物保护单位。现辟为景区，对外开放。

昭慧塔（贺兰鹔鹴 / 摄）

昭慧塔内部结构（苟秉宸 / 摄）

塔刹细节（贺兰鹓鶵 / 摄）

塔体细节（贺兰鹓鶵 / 摄）

塔内部（苟秉宸 / 摄）

塔为密檐阁楼式砖塔，平面为正八边形，底层边长 3.95 米，13 层，通高 53 米。壁内设折上式楼梯，可登至塔顶。塔体底层南北两面辟有券门，其他各面均为素面。2 层以上各层东、西、南、北四面均辟券门或假券门，其他各面均为素面。每层塔壁上部均平砖隐砌阑额、斗拱。各层间均叠涩出檐，饰菱角牙子。第 4 层以上各层出檐部分的菱角牙子为花瓣形，此形制在陕西现存古塔中仅此一例。塔 1 至 8 层具有楼阁式塔的外形特征，9 层以上高度和面宽锐减，塔檐较密，外观近似密檐式塔。塔顶为平砖叠涩攒尖，上置朱漆宝瓶式塔刹。

塔周围出土一系列文物，其中北周刘欢庆石造像和明正德十六年（1521）《重修昭慧院记碑》最为重要。刘欢庆石造像底座阴刻供养人像及题名，座上雕佛造像一尊，雕像身着开襟广袖长袍，束有腰带，头部残毁，足部两侧各雕有一蹲兽，现藏于高陵区文物管理所。

塔周边石刻（唐时星光 / 摄）

长安圣寿寺塔

屋承隋唐良稳称，河沙世界尽空空。

圣寿寺塔景区（成英文 / 摄）

地　址	长安区五台镇南五台风景名胜区内
开放时间	周一至周五 09:00—16:00，周六、周日 09:00—16:30
收费情况	收费
路线推荐	参考线路 20（P654）

长安圣寿寺塔又称应身大士舍利塔，相传有毒龙为祸世人，观音大士化作和尚降服毒龙，人们修塔纪念，故名。

圣寿寺塔全景（成英文 / 摄）

塔始建时间不详，所在的圣寿寺建于隋仁寿年间（601—604），唐大历六年（771）改称南五台圣寿寺。唐末毁于战火，仅塔尚存。明嘉靖三十四年（1556）关中大地震，塔顶崩毁。清康熙二年（1663）修葺。1985 年又重修。2006 年公布为第六批全国重点文物保护单位。2013 年，围绕塔进行了重新修缮，现辟为景区对外开放。

圣寿寺塔全景（筱溪听泉 / 摄）

圣寿寺塔全景（成英文 / 摄）

圣寿寺塔为楼阁式砖塔，平面为正方形，底层边长 7.5 米，7 层，通高 29.5 米。单壁中空，内原设木质楼梯，现已毁。塔体底层南面辟有券门，其他三面均为素面。2 层以上各层当中对开券门，第 2 层东西两面对开券门，南北两面为素面，向上逐层交错。2 层以上塔壁均以平砖隐砌倚柱、阑额和斗拱。每面隐砌 4 根四边形的倚柱，分塔面为 3 间。各层间均叠涩出檐，饰菱角牙子。塔顶用平砖叠涩攒尖，上置 7 个圆环组成的铁质相轮，相轮上覆八角攒尖顶铁刹。

塔刹细节（成英文 / 摄）

塔体细节（筱溪听泉 / 摄）

塔北现存有印光法师的影堂石塔，塔为方形石砌三层结构，中间设两层腰檐，顶部为石雕宝瓶状。塔底层东面嵌有近代书法家于右任题写的“印光大师影堂”石铭一方。另存有清道光二十九年（1849）的《观音大士伏龙赋并序碑》与 1945 年的《印光大师遗像碑》。

西安二龙塔

长风已送二龙去，今留唐塔宝鉴明。

二龙塔地势（成英文 / 摄）

地　　址	长安区太乙宫镇温家山村东南
开放时间	全天
收费情况	收费
路线推荐	参考线路 20（P654）

西安二龙塔因建于二龙里而得名，相传塔名源于当地“二龙缠斗，以塔镇之”的传说，但风水塔之说产生于明代，故为讹误。

塔始建时间不详，一说建于唐贞观年间（627—649）。元代骆天骧在《类编长安志》中记该塔为龙泉寺附属建筑，寺毁而塔存。明洪武年间（1368—1398），秦愍王重建佛寺，名为普光寺，至明末毁于战火。清末又重建，其后塔顶塌毁，村民拆砖导致底层塔体的砖大面积脱落。2005年进行了维修加固，方成今貌。2019年公布为第八批全国重点文物保护单位。现辟为景区，对外开放。

冬日二龙塔（鸿慈永祜 / 摄）

二龙塔为密檐式砖塔。平面为正方形，底层边长8米，6层（原7层），存高17.4米。单壁中空，塔内原有木楼梯已毁。塔底层较高，2层以上高度骤减。底层在南、北两面辟券门，东西、两面均为素面。2层以上各层在南、北两面辟券龛，东、西两面为素面。各层间做叠涩出檐，饰菱角牙子。塔顶残毁，塔刹遗落在塔北的吴家沟村，20世纪80年代修环山公路时被埋于地下。2005年维修塔基时发现地宫，地宫已被盗。

春日二龙塔（成英文/摄）

二龙塔全景（刘嘉辉/摄）

大秦寺塔

大秦遥可说，高处见秦川。

大秦寺塔远景（冯宝辉 / 摄）

地　　址	周至县楼观镇塔峪村
开放时间	全天
收费情况	免费
路线推荐	参考线路 29（P672）

大秦寺塔又名镇仙塔，始建时间不详，所在大秦寺始建于唐贞观年间（627—649）。会昌五年（845），唐武宗灭佛时殃及景教，寺遂荒废。北宋建隆四年（963），塔大规模重修，后因风化致塔体残损。明嘉靖二十九年（1550），寺又修缮；嘉靖三十四年关中大地震时，塔体出现倾斜。清嘉庆年间（1796—1820），因白莲教起义致大秦寺毁，仅塔尚存。20 世纪以来，该塔经多次修缮方成今貌。2006 年公布为第六批全国重点文物保护单位。现辟为景区，对外开放。

傍晚的大秦寺塔（苟秉宸 / 摄）

大秦寺塔全景（筱溪听泉 / 摄）

塔为楼阁式空心砖塔，平面为正八边形，底层边长4.5米，7层，通高40.9米。室内设有木楼梯，可供攀登。塔底层于北面辟券门，东、南、西三面做假券窗。其他四面为素面。底层下部做出两圈砖砌腰线，塔身上部二层平砖隐砌阑额、斗拱，无倚柱。塔室为圆形，内径10.6米。2层以上各层塔身面宽和高度均逐层收减。2、4、6层在南、北两面对开券门；3、5层在东、西两面对开券门，7层在东、南、西、北四面辟券门；2—7层其他各面均为素面，无券门。2层以上塔身每面均隐砌出平坐、角柱、阑额与斗拱。塔身各层间做叠涩出檐，饰菱角牙子。塔顶为平砖攒尖，塔刹残有几圈相轮，状似松塔。

塔2、3层均有泥塑观音像，塑像依托塔壁，悬空塑造。4层北侧门道右壁一砖侧残存外文题刻，7层南侧门道及西侧门道左壁也均阴刻外文。《大秦景教流行中国碑》相传在此出土（一说在西安市西郊），现藏于西安碑林博物馆。

大秦寺塔全景（筱溪听泉 / 摄）

敬德塔

千载宝林寺，一塔寺中山。

敬德塔地势（林赵成 / 摄）

地　址	鄠邑区太平乡紫阁峪内
开放时间	全天
收费情况	免费
路线推荐	参考线路 23（P660）

敬德塔即宝林寺佛塔，是宋代时宝林寺的重要建筑。

敬德塔全景（鸿慈永祜 / 摄）

敬德塔始建于北宋元祐七年（1092），所在的宝林寺始建于唐，相传由尉迟敬德监修。该寺历经多次修缮，至清同治元年（1862）毁于战火，仅塔尚存。1988 年于塔身第五层发现石刻塔铭。2005 年再次进行维修加固。2013 年公布为第七批全国重点文物保护单位。现辟为景区，对外开放。

敬德塔全景（鸿慈永祜 / 摄）

敬德塔为楼阁式砖塔，平面为正方形，底层边长 2.8 米，7 层，残高 17 米。底层有塔室，2 层以上为实心。塔底层较高，约 4 米。西面辟有券门，券门宽 0.7 米，高 1.6 米。塔身各面隐砌出阑额和斗拱，斗拱上均隐刻精美纹饰。2 层以上各层高度与面阔均逐层递减，每面正中间辟券龛，隐砌倚柱、平坐栏杆、阑额与斗拱。4 根方形倚柱将塔身每面分为 3 开间。当心间面阔与次间基本相同。平坐栏杆只起装饰作用，环绕塔身在券门位置断开。塔身各层间做叠涩出檐，饰菱角牙子。檐口隐砌仿木单排方椽，并仿做瓦当、滴水及瓦垄。塔顶为攒尖式，高约 1 米。

塔身第五层的北面塔龛内发现《宝林寺塔铭》，载有“元祐七年六月十五日起塔”。

塔体细节（鸿慈永祜 / 摄）

塔体细节（鸿慈永祜 / 摄）

塔体细节（鸿慈永祜 / 摄）

塔体细节（鸿慈永祜 / 摄）

户县化羊庙东岳献殿

其上高阁觚棱骧，其下丰碑镌琳琅。

化羊庙东岳献殿（成英文 / 摄）

地址	鄠邑区庞光镇化羊峪口
开放时间	08:00—18:00
收费情况	免费
路线推荐	参考线路 23（P660）

户县化羊庙东岳献殿是庙内用于祭祀泰山神的建筑，主要体现元代建筑的风格和特征，是元明时期木构建筑营造做法演变的珍贵实物。

献殿所在化羊庙因在化羊峪内而得名，始为东岳庙，庙内奉祀东岳泰山神，故又名泰岳行祠、东岳行祠。该庙始建时间不详，通过庙内3通古碑内容可知，寺庙元代大规模重建。明永乐年间（1403—1424），正殿被火焚毁，宣德元年（1426）至景泰二年（1451）重建，将原正殿改作寝宫，于其西侧新建正殿及其他建筑，奠定了后来的建筑格局。其后该庙又多次修缮与增建，至2015年大规模修复献殿后方成今貌。2019年公布为第八批全国重点文物保护单位。现辟为景区，对外开放。

献殿全景（刘雷 / 摄）

献殿为单檐庑殿顶建筑，坐南朝北，南面紧邻正殿，面阔 5 间，进深 1 间。该殿用前后檐柱各 6 根，其中角柱 4 根，内无柱。现地面用条砖铺满，台明东北角有 45° 条砖一趟。各柱柱头均坐普拍枋，各柱头铺作与补间铺作坐于普拍枋上，柱头间用阑额相连。该殿用四椽栿 4 根，四椽栿两端分别伸入前后檐柱头铺作，自第二层跳头上伸出，梁头做卷云式样。四椽栿底均有墨书题记，记载修缮献殿的时间。屋面为板瓦铺造，仅檐角处及屋面正中用少量筒瓦。正脊与垂脊用红绿相间的雕花脊筒。鸱吻为大口吞脊状，尾部卷曲。外檐有铺作 25 朵，为五铺做重栱计心造，双昂。室内遍施彩画，呈现出鲜明的元代建筑特征。

献殿前原立有元代《阿难答秦王令旨碑》，碑蒙汉双文，现藏于鄠邑区文物管理所。

献殿梁架结构（成英文 / 摄）

献殿内部（成英文 / 摄）

斗拱细节（成英文 / 摄）

斗拱细节（成英文 / 摄）

琉璃鸱吻（刘雷 / 摄）

琉璃构件（卞润梓 / 摄）

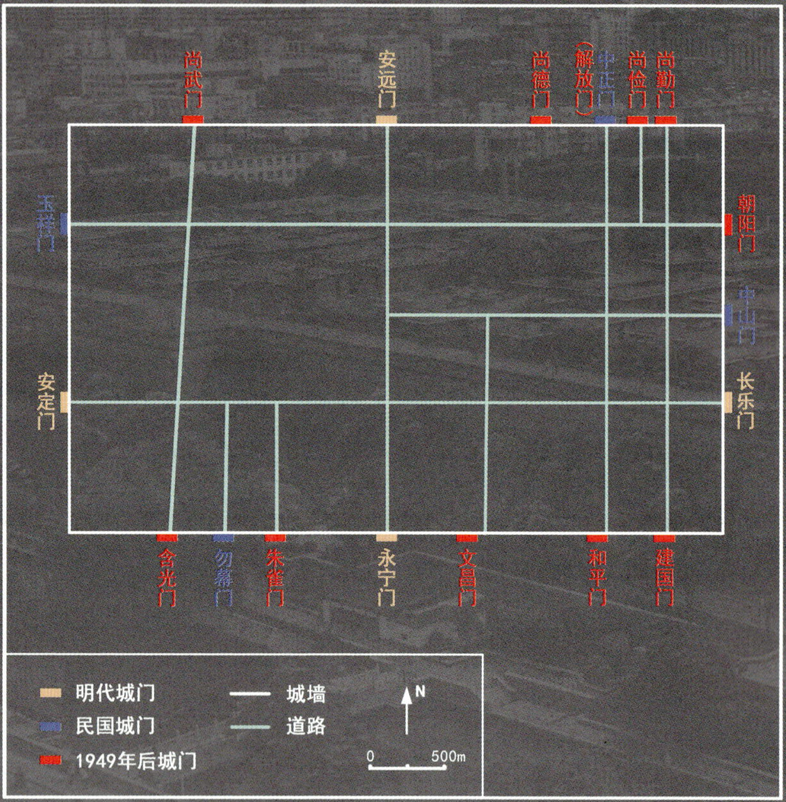

● 西安城墙城门分布示意图

西安城墙

到日长安花似雨，故关杨柳初飞絮。

西安城墙指西安明城墙，是明代初年的西安府城城墙，是在唐长安城皇城基础上建筑起来的。

城墙始建于明洪武七年（1374），历时四年。嘉靖五年（1526）重修城楼。隆庆二年（1568），巡抚张祉用青砖围砌城墙外壁和顶面。崇祯九年（1636），巡抚孙传庭增建四郭城。崇祯十六年，李自成军攻占西安，烧毁东门城楼、南门闸楼。清代对西安城墙进行了 12 次补修，其中以乾隆四十六年 (1781) 的工程最大，全城包砖墙增厚，城顶铺设了海墁，增修排水道。1912—1949 年，在城墙上新辟四座城门（中山、玉祥、中正、勿幕）。20 世纪 50 年代，城墙的四座角楼、98 座马面、魁星楼及大量垛口和女墙被拆。1961 年公布为第一批全国重点文物保护单位。1983 年开始大规模维修，另修 10 座新门（和平、含光、朱雀、尚俭、尚勤、尚武、尚德、文昌、建国、朝阳），方成今貌。现辟为景区，对外开放。

西安城墙周长约 13.78 千米，高 12 米，底宽 16—18 米，顶宽 12—14 米。墙体为黄土掺入石灰、细沙和麦秸拌匀后夯筑的夯土城墙，并增加竖柱和横木以增加整体拉力和横向稳定性，城墙外侧包砌青砖。部分城墙下部为旧有的唐代夯筑城墙，上部及墙体外侧系明清时增筑，西南城角保留明显的元代整修痕迹。城墙开四门：东长乐、西安定、南永宁、北安远，皆有城楼、瓮城及羊马城。原有雉堞 5984 个，沿城外侧原有凸出的马面 98 座，城墙四角均建有角楼。城墙外有人工开凿的护城河，深二丈，广八尺，河上原有吊桥。

西安城墙远景（李文博 / 摄）

角楼彩虹（李文博 / 摄）

角楼日落（成英文/摄）

角楼及护城河（成英文/摄）

城墙马面（成英文 / 摄）

马面排列（张立凡 / 摄）

西南角楼全景（成英文 / 摄）

西南城角俯瞰（成英文 / 摄）

永宁门（李文博 / 摄）

地　址	碑林区长安北路北端
开放时间	08:00—22:00
收费情况	收费
路线推荐	参考线路 5（P627）

永宁门

永宁门是西安明城墙的南门，取“永保安宁”之意，是西安城门中沿用时间最长的一座。

该门原为隋唐长安城皇城的安上门。唐末，节度使韩建缩建长安城时留作南门。明洪武七年（1374），都督濮英奉命拓筑西安府城墙，改过梁式三门洞形制为砖砌拱式单门洞形制，易名永宁门。崇祯九年（1636）建闸楼，崇祯十六年（1643）毁于战火。清顺治十三年（1656），陕西巡抚陈极新重建闸楼。1912 年陕西都督张凤翙题写门楣。其后，闸楼被拆，月城、吊桥随之毁坏。1926 年箭楼毁于镇嵩军战火。1956 年在该门东、西两侧各开砖砌三孔城门供行人车辆通过。1990 年重建月城、闸楼及吊桥。2014 年复建箭楼。

永宁门羊马城（成英文 / 摄）

永宁门傍晚（成英文 / 摄）

永宁门设外瓮城，其外又设羊马城，为三重三楼形制：内侧城楼，中间箭楼，外侧闸楼。门洞为拱券形，进深29米；南侧宽6.1米，高8.8米；北侧宽5.1米，高5米。其上城楼为两层重檐歇山顶建筑，面阔9间，进深4间。外瓮城平面呈方形，东西长70米，南北宽50米。开东西二门，南墙体上设箭楼。箭楼为三层正面单檐背面重檐歇山顶建筑，面阔11间，进深3间。羊马墙宽约100米，中开一门，宽5米，进深8.2米。上建闸楼，为两层单檐歇山顶建筑，面阔5间，进深1间。

永宁门夜景（李文博 / 摄）

长乐门（鸿慈永祜 / 摄）

地址	碑林区东关正街西端
开放时间	08:00—19:00
收费情况	收费
路线推荐	参考线路 5（P627）

长乐门

长乐门是西安明城墙的东门，因国都南京在其东，取“长久乐哉，万年不衰”之意。

该门始建于明洪武七年（1374）。崇祯九年（1636）始建闸楼。崇祯十六年，李自成军攻打西安时城楼被毁。清顺治年间（1644—1661）重建箭楼。1921年后，闸楼、羊马墙及吊桥被拆；张学良曾在正楼上组建教导队和学兵队，出于军事防御需要对正楼进行了较大改造。1986年修复城门两侧豁口为三孔城门供行人车辆通过。1994年大规模重修，恢复明清旧制。

城楼全景（成英文 / 摄）

箭楼全景（鸿慈永祜 / 摄）

长乐门形制与永宁门相同，现仅存主城门及外瓮城。门洞为拱券形，进深30米；西侧宽6米，高9米；东侧宽5.1米，高5.2米。其上复建城楼为两层重檐歇山顶建筑，面阔9间，进深4间。外瓮城平面呈方形，南北长66.7米，东西宽49.4米。开东、南、北三门，东门上设箭楼。箭楼为三层正面单檐背面重檐歇山顶建筑，面阔11间，进深3间。羊马墙及闸楼无存。

箭楼上的弹坑（鸿慈永祜 / 摄）

装饰细节（鸿慈永祜 / 摄）

安远门（鸿慈永祜 / 摄）

地　　址	莲湖区北关正街南端
开放时间	08:00—19:00
收费情况	收费
路线推荐	参考线路 5（P627）

安远门

安远门是西安明城墙的北门，取“怀柔为政，安抚边远”之意。

该门始建于明洪武七年（1374）。闸楼始建于崇祯九年（1636）。清宣统三年（1911）陕西辛亥革命时，城楼毁于战火。1921 年后，因在护城壕上架设桥梁而拆除闸楼，吊桥、月城随之拆毁。1954 年于城门两侧各开辟两孔城门供行人车辆通过。1983 年因暴雨侵袭致箭楼楼基塌陷，楼体倾斜，后经抢修并全面加固方留存至今。

安远门瓮城箭楼（成英文 / 摄）

城楼全景（鸿慈永祜 / 摄）

箭楼（鸿慈永祐 / 摄）

安远门门额（刘嘉辉 / 摄）

安远门形制与永宁门相同，现仅存主城门及外瓮城。门洞为拱券形，进深 30.8 米；北侧宽 6.1 米，高 8.2 米；南侧宽 5.2 米，高 5.6 米。其上城楼文献记载为两层重檐歇山顶建筑，面阔 9 间，进深 4 间，尚存柱础。外瓮城平面呈方形，东西长 70.5 米，南北宽 47.7 米。北面开一门，上设箭楼。箭楼为三层正面单檐背面重檐歇山顶建筑，面阔 11 间，进深 3 间。羊马墙及闸楼无存。

安定门（成英文 / 摄）

地　　址	莲湖区西关正街东端	收费情况	收费
开放时间	08:00—19:00	路线推荐	参考线路 5（P627）

安定门

安定门是西安明城墙的西门，取“西部边疆安泰康定”之意。

城楼及箭楼结构（鸿慈永祜 / 摄）

安定门全景（苟秉宸 / 摄）

安定门内（苟秉宸 / 摄）

该门原为隋唐长安城皇城的顺义门。唐末，节度使韩建缩建长安城时留存。明洪武七年（1374）拓筑西安城时将该门略向南移，改过梁式三门洞形制为砖砌拱式单门洞形制，易名安定门。闸楼始建于崇祯九年（1636）。1921 年后，因在护城壕上架设桥梁而拆除闸楼，吊桥、月城随之拆毁。1987 年修复城门两侧豁口为三孔城门供行人车辆通过。2004 年重修城楼，2009 年发现大面积明代彩绘。

装饰细节（鸿慈永祜 / 摄）

安定门形制与永宁门相同，现仅存主城门及外瓮城。门洞为拱券形，进深 33.9 米；东侧宽 6.3 米，高 9 米；西侧宽 5.2 米，高 5.8 米。其上城楼为两层重檐歇山顶建筑，面阔 9 间，进深 4 间，高 32 米。内外为青绿基调的旋子彩绘，垫拱板上为火烧珠宝图案，其做法不点金、不退晕，线路花卉用墨线的雅伍墨式明代做法。外瓮城平面呈方形，南北长 71 米，东西宽 51.3 米。开南、北、西 3 门，西门上设箭楼。箭楼为三层正面单檐背面重檐歇山顶建筑，面阔 11 间，进深 3 间。西面开箭窗 4 层，每层 12 孔；两侧开箭窗 3 层，每层 3 孔。羊马墙及闸楼无存。

含光门全景（成英文 / 摄）

地址	莲湖区环城南路西段 136 号
开放时间	08:30—18:00（博物馆）
收费情况	博物馆免费，登城墙收费
路线推荐	参考线路 5（P627）

含光门

含光门是皇城南墙西侧大门，是迄今为止所发现最为完好的隋唐城门遗址。门址断面上保存着唐、宋、元、明、清各代修补的夯层，成为城墙变化的历史见证。

含光门遗址夯土（王腾 / 摄）

含光门排水栅栏（郑茂良 / 摄）

含光门考古发掘现场

含光门始建于隋开皇二年（582）。唐天祐元年（904），长安城废毁，仅保留皇城加以修整，名为“新城”。皇城正南朱雀门封闭不用，保留含光门和安上门。经五代至北宋一直沿用，名称未改。元代又将新城加以重修，改名为奉元城，含光门被封闭不用。后经明清两代多次修建西安城，含光门被包在西安城南墙之内。20 世纪 50 年代前，含光门遗址上西半部一段的明清城墙已倒塌。后因修筑沥青马路，门址中、西门道之间的隔墙及西端门墩均被破坏，但门址底部保存尚好。1986 年整修明清城墙时发现了门址，继而进行了考古发掘。2008 年建成西安唐城墙含光门遗址博物馆，对外开放。

门址共 3 个门道，平面呈长方形。门墩以纯净黄土版筑而成，东部现存最高 8 米，外包砌砖壁。3 个门道的建筑形制相同。各门道内都出土灰烬和红烧土，证实其被火烧过。西侧门道灰烬内发现大型铁门钉多枚。西门道保存了唐代地面和车辙遗迹。中门道路面原有铺砖，无车辙痕迹。火烧后，中、西两门道未再使用，加筑夯土封闭，仅保留了东门道加以修复，使用到宋代。门道的建筑形制与唐长安城明德门遗址基本相同，也是木构架门道的城门。门道两侧各有排列整齐的柱础石 15 个，两列柱础东、西对称。

中山门全景（成英文 / 摄）

地　　址	新城区东新街东端
开放时间	08:00—21:00
收费情况	收费
路线推荐	参考线路 5（P627）

中山门

中山门位于西安明城墙东墙，因纪念孙中山而得名，俗称小东门。

该门始建于1926年，由冯玉祥倡议开辟。城门共有南、北2座门洞，南门洞名为东征门，北门洞名为凯旋门。凯旋门原存民国时期的木质城门板，是西安城墙城门中唯一一处遗存门板的城门。2014年因文物保护需要，门板被拆除。现藏于文物仓库。

玉祥门全景（成英文 / 摄）

地　址	莲湖区莲湖路西端
开放时间	08:00—19:00
收费情况	收费
路线推荐	参考线路 5（P627）

玉祥门

玉祥门位于西安明城墙西墙，因纪念冯玉祥解西安之围的功绩而得名，俗称小西门。

该门始建于 1928 年，由陕西省政府主席宋哲元倡议开辟，初为单券门洞形制。1930 年，杨虎城出任陕西省政府主席后封闭该门。1934 年再度开启，改称中正门。1935 年，因与火车站城门重名，故改称西北门，后又复名玉祥门。1959 年，拆除该门辟为豁口。1996 年重建，改为五券门洞形制，沿袭至今。

俯瞰解放门（李文博 / 摄）

地　　址	新城区解放路北端
开放时间	08:00—19:00
收费情况	收费
路线推荐	参考线路 5（P627）

解放门

解放门位于西安明城墙北墙。

该门始建于1934年，因当时陇海铁路通车，途经西安，火车站设于城墙外，故开辟双券洞城门，初名火车站城门。1935年，改称中正门。1949年，为纪念新中国成立而更名为解放门。1952年，扩建火车站广场拆除该门。2003年恢复，以三个大跨度的拱桥式城门连接原豁口。

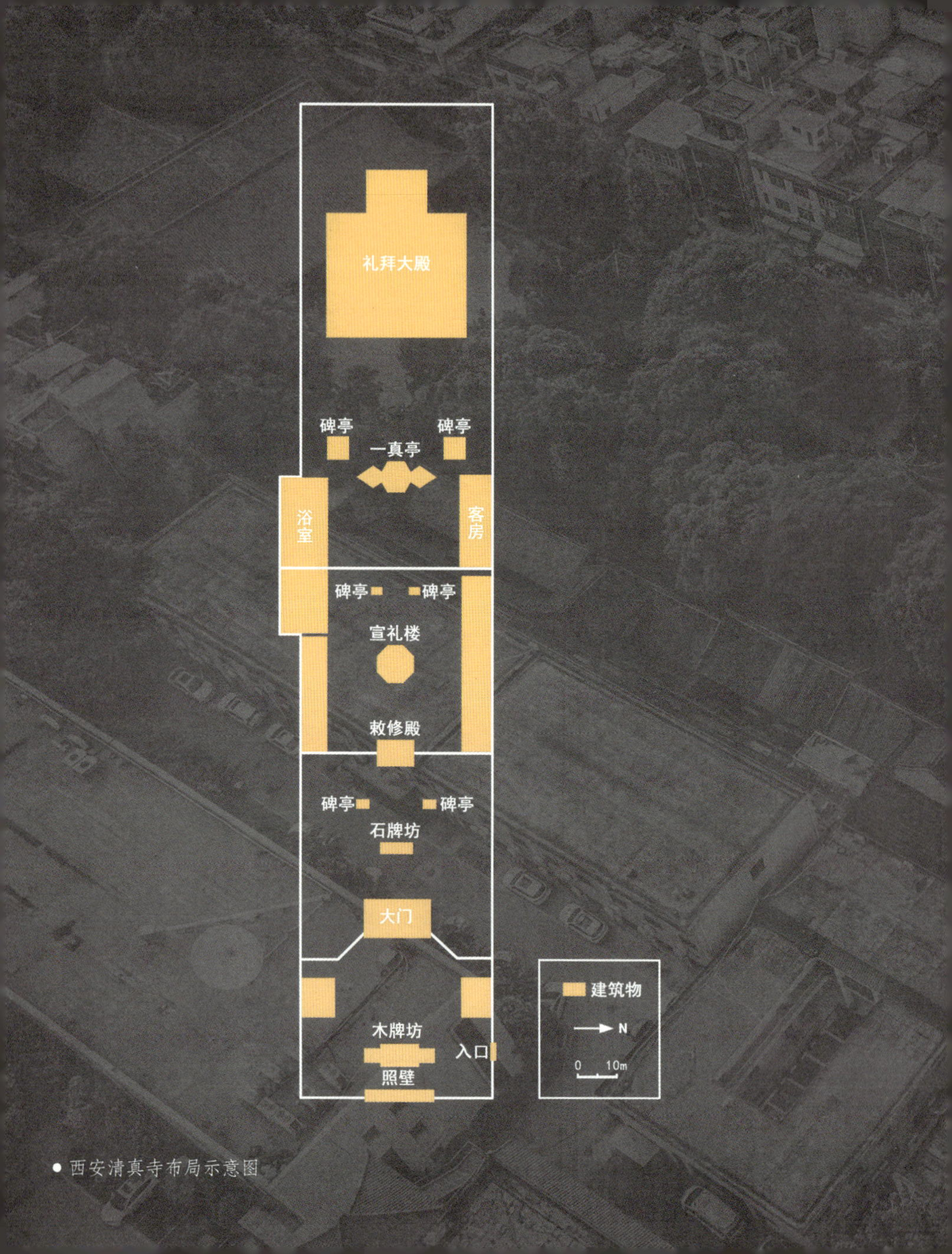

● 西安清真寺布局示意图

西安清真寺

玉堂古作清修记，豁然一见面如春。

西安清真寺即化觉巷清真大寺，因位于大学习巷清真寺以东，故又称东大寺。寺内建筑巧妙融合中国传统风格与伊斯兰寺院特色，是国内规模最大、保存最完整的伊斯兰教建筑群。

寺始建时间不详，现存建筑主要建于明成化十八年（1482），时名为敕赐清修寺，后改为清真大寺沿用至今。该寺历经明嘉靖、万历及清乾隆年间三次大规模重修与扩建，方成今貌。1988年公布为第三批全国重点文物保护单位。现辟为景区，对外开放。

全寺狭长，坐西向东，寺院四周砌以青砖墙，有四进院落。第一进有仿木结构照壁一座、木牌坊一座；第二进有石牌坊一座；第三进设敕修殿一座、宣礼楼一座；第四进有凤凰亭、礼拜大殿等。主要建筑沿中轴线东西分布，次要建筑坐落两旁，有殿、楼、亭、台、厅、堂180余间。寺内布置严格遵循伊斯兰教义，雕刻装饰纹样均由阿拉伯文套雕而成。

寺内珍藏有清代手抄本《古兰经》与描绘伊斯兰教圣地麦加的《麦加图》，极为珍贵。

西安清真寺（成英文／摄）

地　　址	莲湖区化觉巷 30 号	收费情况	收费
开放时间	08:00—19:00	路线推荐	参考线路 10（P636）

照壁全貌（筱溪听泉 / 摄）

木牌坊全貌（鸿慈永祜 / 摄）

石牌坊全景（鸿慈永祜 / 摄）

木牌坊

木牌坊位于第一进院落，照壁西侧，建于清康熙年间（1662—1722），为三间四柱三楼歇山顶样式。牌坊以蓝琉璃瓦覆顶，斗拱密集层叠，挂落辅以镂空木雕，上雕云龙纹，花板、龙门雀替上均有浮雕花卉。坊身用戗柱支撑，具有极强的抗震性能。牌坊东面正中横额上题“敕赐礼拜寺”，蓝底金色。西面横额上题“道法参天地”。

石牌坊

石牌坊位于第二进院落中，木牌坊以西，为明代砌筑，四柱三间样式。坊顶辅以两鸱吻，鸱吻下为石质屋檐。三门屋檐下均做石质仿木结构斗拱。坊身石柱上雕有纹饰图案，其下设抱鼓石。石牌坊中间门楣上刻“天监在兹”，两翼门楣上各刻“虔诚省礼”与“钦翼昭事”字样。牌坊四周环以石栏杆，石栏杆上亦有雕刻。其两侧各竖一碑，《重修清修寺碑记》为明万历三十四年（1606）立，碑阴刻有宋代米芾手书“道法参天地”文;《敕修清真寺碑》为清乾隆三十三年（1768）立，碑阴刻有明代董其昌手书“敕赐礼拜寺”文。

寺内碑刻（成英文 / 摄）

寺内碑刻（成英文 / 摄）

敕修殿

敕修殿是第三进院落的大门，为明嘉靖年间（1522—1566）重修寺院时的正门。该殿为单檐歇山顶建筑，面阔 3 间，斗拱为五铺作出两跳，梁架用大型木料构建，脊檩下并用叉手，柱子有明显侧脚及生起。殿门上高悬明代董其昌手书“敕赐礼拜寺”横匾。殿中悬有清代慈禧太后手书之匾“派衍天方”。殿内珍藏有明景泰六年（1455）的《长安礼拜寺无相记碑》与清雍正十年（1732）的月碑。月碑为驻寺阿訇小西宁用阿拉伯文撰写，记述伊斯兰教斋月的计算方法，是研究伊斯兰教史与阿拉伯文的珍贵实物。殿内中央地下有石雕一块，上刻云龙纹。

敕修殿（鸿慈永祜 / 摄）

敕修殿内部（鸿慈永祜 / 摄）

宣礼楼全景（鸿慈永祜 / 摄）

宣礼楼

宣礼楼位于第三进院落中，敕修殿以西，为礼拜时召唤教徒之用。楼为二层重檐八角攒尖顶建筑，砖木结构，又称省心楼、邦克楼。楼高十余米，台基以石砌成，东西两侧设 4 级如意踏跺，底层地面嵌有二龙戏珠图案石雕。楼内为八角形砖砌结构，辟东、西券门，周围环廊，置 8 根八角形立柱。二层四周亦设环廊，廊外置楷书“省心楼”竖匾，白底黑字。层间均出八角翘檐，覆青灰板瓦，饰孔雀蓝琉璃脊兽。楼顶置琉璃刹，呈宝瓶垒叠状。其两侧各设厢房 15 间，北为讲经堂，南为沐浴房。

一真亭全景（筱溪听泉 / 摄）

一真亭藻井（鸿慈永祜 / 摄）

一真亭

一真亭位于第四进院落中，礼拜大殿以东。其名“一真”是伊斯兰教信仰的集中体现，表达穆斯林对安拉的独一尊崇。该亭为三亭相连的建筑，中间主亭呈六角形，顶部覆灰色板瓦，檐下作木制斗拱，形似凤头。两侧二亭为三角形，左右翘翼，似凤凰展翅，故又名凤凰楼。主亭东面檐下悬有“一真”金字立匾，为明建文元年（1399）兵部尚书铁铉手书。

礼拜大殿全景（鸿慈永祜 / 摄）

礼拜大殿

礼拜大殿位于第四进院落中，为穆斯林礼拜之处，是清真寺内规模最大的建筑。

大殿由前廊、礼拜殿、后殿三部分组成，为单檐歇山顶建筑，平面呈凸字形，面阔 7 间（32.9 米），进深 9 间（38.5 米）。殿顶覆孔雀蓝琉璃瓦。檐下正中高悬阿拉伯文横匾，为清末驻寺阿訇马谦益所书。

殿内面积宽敞，可容千余人同时礼拜。可分为两个空间，前部面阔 7 间，进深 6 间（另有 1 进前廊）；后部面阔 3 间，进深 3 间。后殿放置米哈拉布（拜向龛），上有多种伊斯兰教纹饰及阿拉伯文字。殿中藻井天棚内有彩画 600 余幅，为阿拉伯传统图案。

后殿有壁板雕画，蔓草纹中套雕《古兰经》经文，是中国传统文化与伊斯兰文化巧妙融合的见证。

礼拜大殿俯瞰（鸿慈永祜 / 摄）

前廊全景（鸿慈永祜 / 摄）

礼拜殿全景（鸿慈永祜 / 摄）

后殿大门（鸿慈永祜 / 摄）

后殿全景（鸿慈永祜 / 摄）

殿内顶部装饰（鸿慈永祜 / 摄）

龛上装饰（鸿慈永祜 / 摄）

米哈拉布全景（鸿慈永祜 / 摄）

殿内墙壁装饰（鸿慈永祜 / 摄）

寺内墙壁装饰（筱溪听泉 / 摄）

寺内墙壁装饰（筱溪听泉 / 摄）

水陆庵

宫殿红香华影合，黄金妙相青螺发。

水陆庵地势远景（王腾 / 摄）

地　址	蓝田县普化镇杨斜村
开放时间	09:00—17:00
收费情况	免费
路线推荐	参考线路 26（P666）

水陆庵以珍藏明代佛教彩色泥塑而闻名，有“中国的第二个敦煌”之美誉。

水陆庵大门全景（成英文 / 摄）

水陆庵始建于隋开皇年间（581—600），原为悟真寺下院内的水陆殿。因位置在悟真峪下，蓝水河遇坡地分为南、北二股，而后又复合为一，冲击坡地如鱼形小岛，寺即在岛尾部，故名。唐末，该寺逐渐衰落，历明嘉靖三十四年（1556）关中大地震后损毁严重。嘉靖四十二年（1563），秦王朱怀埢携母至该寺礼佛，不忍见其荒废，遂请山西雕塑名匠乔仲节等人在殿中重塑雕像，成为家祀佛堂。后改水陆殿为水陆庵，并大规模整修殿宇。该寺于明万历三十年（1602）与清道光二年（1822）均有重修，1949 年后又大规模修缮，方成今貌。1996 年公布为第四批全国重点文物保护单位。现辟为景区，对外开放。

水陆庵坐西向东，现存主要建筑有山门、前殿、中殿、大殿等，按中轴线依次分布，以大殿内珍存的 3700 多尊彩塑最具历史与艺术价值。大殿又名诸圣水陆殿，是水陆庵中年代最早、保存最完整的建筑。

殿内 13 面墙壁上均有彩塑，分南、北山墙、正隔间两壁及两檐墙安置。中心佛坛上塑三世佛，即释迦佛、药师佛、阿弥陀佛。

南、北安置有卢舍那及毗卢遮那佛，北侧顶部设释迦、孔子、老子三尊塑像，体现明代儒释道“三教合一”的思想。

另还置有地藏菩萨、十六臂观音等彩塑雕像。

南、北山墙底部分置有 24 尊神将塑像，神态各异，着色技法将“下五彩”与“中五彩”巧妙结合，属所有塑像中的上乘之作。

水陆庵布局示意图

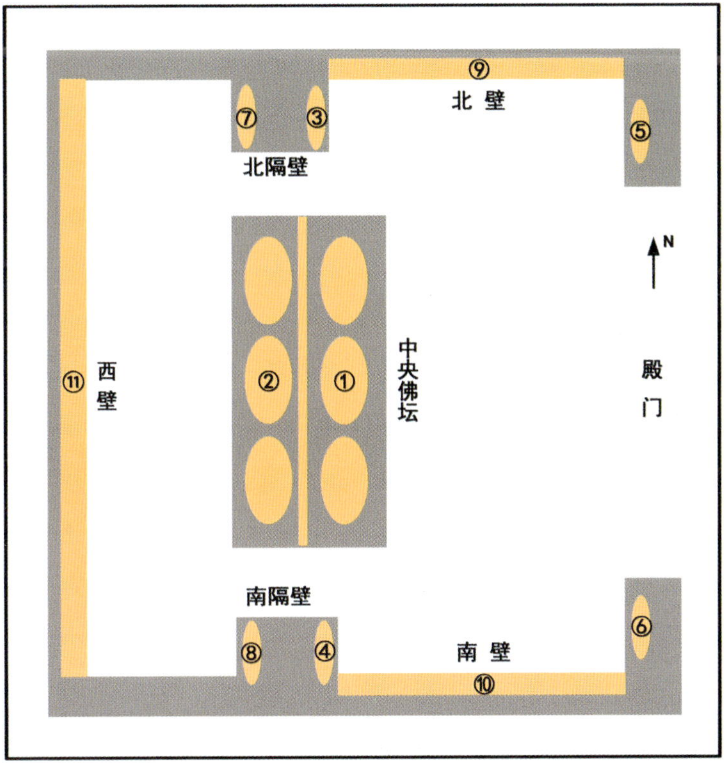

① 阿弥陀佛、释迦佛、药师佛及背光
② 文殊菩萨、观音菩萨、普贤菩萨及背景
③ 地藏菩萨及背景群塑
④ 药王菩萨及背景群塑
⑤ 报身佛及背景群塑
⑥ 应身佛及背景群塑
⑦ 十六臂观音及背景群塑
⑧ 孔雀明王及背景群塑
⑨ 悉达多太子降生主题群塑
⑩ 释迦牟尼涅槃主题群塑
⑪ 西壁佛升忉利天为母说法图群塑

中心佛坛全景（那蓝 / 摄）

请勿大声喧哗

中心佛坛背壁普贤菩萨（筱溪听泉 / 摄）

中心佛坛背壁文殊菩萨（筱溪听泉 / 摄）

北隔壁前壁地藏菩萨（筱溪听泉 / 摄）

南隔壁前壁药王菩萨（成英文 / 摄）

南隔壁后壁孔雀明王（筱溪听泉 / 摄）

北隔壁后壁十六臂十六眼观音（筱溪听泉 / 摄）

南壁释迦牟尼涅槃主题群塑（筱溪听泉／摄）

群塑细节（筱溪听泉／摄）

北壁悉达多太子降生主题群塑（筱溪听泉 / 摄）

儒释道并列（筱溪听泉 / 摄）

南壁神将全景（筱溪听泉 / 摄）

北壁神将（筱溪听泉 / 摄）

神将特写（成英文 / 摄）

神将特写（成英文 / 摄）

神将特写（筱溪听泉 / 摄）

神将特写（成英文 / 摄）

神将特写（筱溪听泉 / 摄）

神将特写（筱溪听泉 / 摄）

西壁佛升忉利天为母说法图局部（筱溪听泉 / 摄）

西安钟鼓楼

两座楼头钟鼓响，一轮明月满乾坤。

钟鼓楼全景（李文博 / 摄）

西安钟鼓楼是明西安府钟楼与鼓楼的合称，是明代西安用于报时的标志建筑物，也是中国现存规模最大、年代最早、保存最完整的钟鼓楼。

1996 年公布为第四批全国重点文物保护单位。现辟为景区，对外开放。

钟楼远景（成英文 / 摄）

地　　址	莲湖区西大街东端
开放时间	旺季 08:30—21:30，淡季 08:30—18:00
收费情况	收费
路线推荐	参考线路 10（P636）

钟楼

西安钟楼始建年代说法不一。一种观点认为，钟楼原为明洪武十七年（1384）在迎祥观内建的钟楼，后因扩建西安府，万历十年（1582）陕西巡抚龚懋贤将其移建于现址；另一种观点认为，此钟楼非迎祥观钟楼移建，而是万历十年新建的。清康熙三十八年（1699）、乾隆五年（1740）和道光二十年（1840）对钟楼进行大规模重修，后又历经多次修缮方成今貌。现辟为景区，对外开放。

钟楼雪景（成英文 / 摄）

钟楼夜景（成英文 / 摄）

钟楼夜景（李文博/摄）

钟楼内部（卞润梓 / 摄）

钟楼内部（卞润梓 / 摄）

钟楼顶部细节（成英文 / 摄）

景云钟（刘远航 / 摄）

钟楼为两层重檐四角攒尖顶木构建筑，面阔 3 间，进深 3 间，通高 36 米。建筑基座为正方形，四面正中各辟券门，高、宽均 6 米，与四条大街相互穿通。由第一层大厅东南角可攀登至二层。其上的木楼阁高 27 米，为梁架结构，梁柱节点遗留宋元做法。屋面覆以绿琉璃瓦。楼内贴金彩绘，雕梁画栋。四面红漆大门上共有 64 幅木雕。楼顶琉璃莲花宝座上置有 6 米高的圆形鎏金宝顶。

钟楼上现有复制的景云钟一口，原钟铸于唐景云二年（711），由唐睿宗亲手撰书铭文，最初悬挂在唐长安城景龙观钟楼上，明代曾移至钟楼，但“扣之不鸣，乃返其故所”，现藏于西安碑林博物馆。

鼓楼全景（鸿慈永祜 / 摄）

地址	莲湖区北院门街南端	收费情况	收费
开放时间	旺季 08:30—21:30，淡季 08:30—18:00	路线推荐	参考线路 10（P636）

鼓楼

鼓楼始建于明洪武十三年（1380）。清康熙三十八年（1699）和乾隆五年（1740）分别有过两次大规模重修，至 20 世纪残损严重。后历经多次修缮方成今貌。现辟为景区，对外开放。

鼓楼全景（卞润梓 / 摄）

鼓楼为两层重檐歇山顶木构建筑，面阔 7 间，进深 3 间，四周环廊。其基座南北正中辟有券洞。屋面覆以灰瓦，外檐和平座均饰有青绿彩绘斗拱，整体层次分明。在南檐下正中悬有“文武盛地”匾，北檐下正中悬有“声闻于天”匾，两匾原物早年已毁，现匾为近年复制。

西安鼓楼上原有大鼓用于暮时报时，后损毁，现重制新鼓置于其上。

鼓楼雪景（成英文 / 摄）

鼓楼东侧全景（王腾 / 摄）

鼓楼夜景俯瞰（宗双燕 / 摄）

鼓楼夜景 （王腾 / 摄）

鼓楼内部（卞润梓 / 摄）

鼓楼上的鼓（卞润梓 / 摄）

公输堂

涅槃生死杳无踪，一缕檀烟万佛名。

公输堂外观（成英文/摄）

公输堂是明代民间“白阳三会教”的教徒为纪念其祖师而建的法堂，也是陕西仅存的小木作天宫楼阁式古建筑。因其正殿内东阁门有楹联“法堂巍巍雕刻若得公输巧，圣像翼翼彩绘似有道子能”而得名。

地　址	鄠邑区渭丰镇祁村
开放时间	需提前咨询预约
收费情况	无
路线推荐	参考线路 24（P662）

公输堂始建于明永乐年间（1403—1424），原名源远堂，因堂内供奉有数目众多的佛像，故又名万佛堂。清末战乱致源远堂部分建筑受损，但基本结构保存较为完整。1960 年前后，公输堂原有照壁、山门及其余建筑均损毁，仅存正殿。1971 年后又多次维修。2001 年公布为第五批全国重点文物保护单位。现已保护，暂不对外开放。

源远堂原有殿堂四进，现仅剩最后一进正殿。正殿面阔 3 间，进深 2 间，为硬山式建筑，现存中、东两间，西间坍塌。

藻井及天宫楼阁（成英文 / 摄）

藻井及天宫楼阁（成英文 / 摄）

藻井及天宫楼阁（成英文 / 摄）

殿内上部空间为天宫楼阁，阁顶藻井有 5 种，中心为斗八。天宫下设佛道帐 3 间，内置佛像。天宫楼阁及藻井均按照正常建筑尺寸的 1：30 缩成建筑模型状，计有楼阁 130 余栋，斗拱样式 20 余种，藻井多层多样，全部构件约有 10 万件之多。

天宫楼阁细节（筱溪听泉 / 摄）

天宫楼阁细节（筱溪听泉 / 摄）

藻井顶部外景（筱溪听泉 / 摄）

藻井顶部外景（筱溪听泉 / 摄）

隔扇细节（筱溪听泉 / 摄）

每间外檐各设六角六扇镂空板门，门额上方饰斗拱重楼。外檐下的隔扇、门罩、枋眉、挂落采用圆雕、平雕、浮雕、透雕等多种手法，花牙子雀替、骑马雀替、倒挂眉子及华板等处雕刻莲花、云纹、石榴、卷草、方胜等图案。门扇上存楹联五副。

装饰彩画（筱溪听泉 / 摄）

装饰彩画（筱溪听泉 / 摄）

装饰彩画（筱溪听泉 / 摄）

装饰彩画（筱溪听泉 / 摄）

木构满饰彩绘，以旋子为主，黑红色沥粉贴金。模型大多进行过油饰彩绘、沥粉贴金，色彩以红、黑、黄三色为主。斗拱多用石绿刷色，板椽单用石红。

装饰彩画（筱溪听泉 / 摄）

西安城隍庙

城隍下瞰红尘海，楼阁高悬白玉京。

城隍庙（成英文 / 摄）

地　址	莲湖区西大街 129 号
开放时间	08:30—17:30
收费情况	免费
路线推荐	参考线路 10（P636）

西安城隍庙即西安都城隍庙，是明代统辖西北数省城隍的城隍庙，也是明代中国三大城隍庙之一。西安城隍庙始建于明洪武二十年（1387），原址位于东门内九曜街（今光辉巷），宣德八年（1433）迁建于今址。经明弘治、嘉靖、万历至清顺治、康熙年间屡次修葺与增建，规模宏大。清雍正元年（1723），该庙大部分建筑被火焚毁，川陕总督年羹尧拆除明秦王府，用其旧料重修城隍庙。乾隆三十三年（1768）重修乐舞楼。光绪十三年（1887），商民不慎失火致二门与乐舞楼被焚毁，同年重建。1942 年，部分建筑被日寇炸毁。1985 年大力修缮方成今貌。2001 年公布为第五批全国重点文物保护单位。现辟为景区，对外开放。

二门（仪门）全景（王腾 / 摄）

城隍庙坐北朝南，现有二门、乐舞楼、牌坊、大殿、寝殿、东西厢房和偏殿等建筑，主要建筑依中轴线分布。乐舞楼面阔 3 间，进深 2 间，四周环廊，重檐歇山顶，前檐带三间面宽的抱厦，屋面施以灰瓦砖花脊。木牌坊为 3 开间，正面匾题“有感有应”，背面匾题“聪明正直”。牌坊前原有铜狮子 1 对，上铸有“明嘉靖三十八年十月吉日秦府内典”字样，现移于西安碑林博物馆大门口。牌坊前原有明万历十三年（1585）所铸铁狮子 1 对，现已无存。两对狮子均为明秦王府故物。大殿为庑殿顶建筑，面阔 7 间，进深 3 间，周边环廊，屋面施蓝琉璃瓦。正面匾额上书乾隆御笔“灵昭三辅”。殿前原还有 1 对带雕花的大铁化纸炉，现也无存。正殿两侧偏殿，东为火神殿，西为圣母殿。正殿东西两廊为都城隍属司，左右各 12 间。

乐舞楼全景（荒海君 / 摄）

“有感有应”坊全景（郑茂良 / 摄）

大殿全景（荒海君 / 摄）

大学习巷清真寺

清净寺门罗树绿，海光晴日荡金辉。

大学习巷清真寺（鸿慈永祜 / 摄）

地　址	莲湖区大学习巷 94 号
开放时间	08:00—19:00
收费情况	免费
路线推荐	参考线路 10（P636）

大学习巷清真寺因与化觉巷清真大寺东西相对，故又称西大寺。

照壁（鸿慈永祜 / 摄）

大学习巷清真寺相传始建于唐神龙元年（705），原名清教寺，唐玄宗时期更名为唐明寺。唐末因年久失修致地面建筑损毁。中统年间（1260—1264）改称回回万善寺，咸阳王赛典赤与元平章政事伯颜先后于该寺传教，恢复原有大部分建筑。明洪武十七年（1384），兵部尚书铁铉督办重修该寺，改称清真寺。永乐十一年（1413）又进行大规模重修，并立《重修清净寺碑》以示纪念。清康熙五十三年（1714）、光绪十六年（1890）多次维修。2013 年公布为第七批全国重点文物保护单位。现辟为景区，对外开放。

寺坐西向东，由照壁、石坊、大门、三间庭、省心阁、南北厅、碑亭、阿訇室、沐浴室、礼拜大殿等组成，主要建筑按中轴线依次排布。

石坊四柱三间，正面门楣镌“敕建陆次”，背面镌“其尊无对”。

门厅三楹，中开大门，其上悬挂“清真寺”匾。

石坊全景（成英文 / 摄）

大门全景（鸿慈永祜 / 摄）

省心阁（成英文 / 摄）

省心阁顶部俯瞰（鸿慈永祜 / 摄）

省心阁为两层三重檐四角式建筑，后有两座碑亭。南立明嘉靖二年（1523）《重修清净寺碑》（即郑和碑），北立嘉靖二十四年《增修清真寺碑》。

省心阁一层内景（成英文 / 摄）

省心阁藻井（鸿慈永祐 / 摄）

碑亭（成英文 / 摄）

郑和碑细节（郑茂良 / 摄）

碑亭左右各有五间庑殿，设阿訇室、接待室和沐浴室等。

阿訇室（鸿慈永祜 / 摄）

沐浴室（鸿慈永祜 / 摄）

礼拜大殿全景（成英文 / 摄）

礼拜大殿前有宽大月台，周围环以石栏、石坊。大殿面阔 7 间，进深 5 间，可容纳 500 多人礼拜。檐下悬慈禧手书“派衍天方”和光绪手书“教崇西域”牌匾。

墙屋柱材之上布满植物及阿拉伯文字花纹图案；殿宇和四周的护壁板上多雕牡丹、芍药、莲花等花卉和阿拉伯文图案。殿内四壁所饰图案套刻《古兰经》。

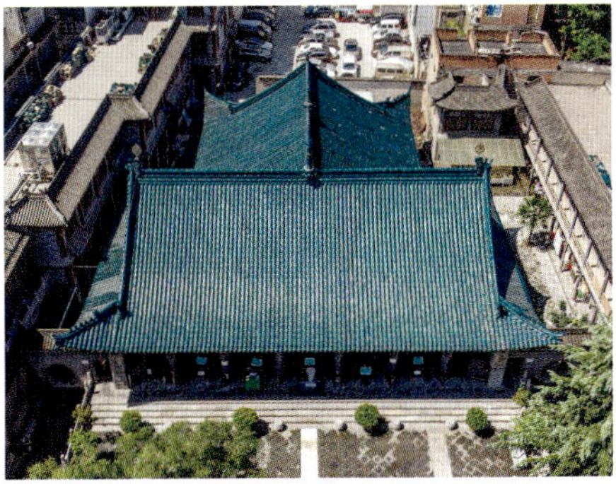

礼拜大殿正面（鸿慈永祜 / 摄）

礼拜大殿背面（鸿慈永祜 / 摄）

礼拜大殿前室全景（鸿慈永祜 / 摄）

礼拜大殿前室装饰（鸿慈永祜 / 摄）

礼拜大殿后室全景（鸿慈永祜 / 摄）

礼拜大殿后室侧壁（鸿慈永祜 / 摄）

第四章 石窟寺及石刻

西安从巍巍周秦至泱泱汉唐，先后有 13 个王朝于此建都，遗存的石窟寺及石刻自然十分重要。古代石刻暴露于荒野易遭风雨侵蚀，后世为了妥善保护和统筹管理常常将其迁往室内，形成碑林。截至 2021 年的数据统计，西安地域内市级及以上的石窟寺及石刻类文物保护单位数量为 6 个。其中，国家级文保 2 个，省级文保 4 个。

这些文保中，有 2 个可上溯至汉代，为牛郎织女石刻（省一）与西安碑林（国一）。牛郎织女石刻是汉代昆明池的见证，也是西安地区年代最早的石刻。西安碑林是中国规模最大、年代最早、藏珍最丰富的碑林，汇集了汉至清历代碑刻上万件，另有历代石雕、石棺与志石。但论收藏最丰、艺术价值最高，还属其唐代收藏。

西安碑林中有大量的唐代碑刻精品。有由唐玄宗李隆基作序、注解并书写，太子李亨篆额的迎客第一碑——《石台孝经》；有伟大的唐代国子监教科书《开成石经》；有书法大家名碑：欧阳询书《皇甫诞碑》、柳公权书《玄秘塔碑》、颜真卿书《多宝塔碑》《颜氏家庙碑》、张旭书《断千字文》、僧怀仁集王羲之书的《大唐三藏圣教序碑》等；还有体现景教传播及中国古代文化交流的《大秦景教流行中国碑》。同时，唐代石刻精品也洋洋大观。有唐太宗李世民昭陵的大型浮雕石刻昭陵六骏中的四骏；有唐高祖李渊献陵神道石犀；有唐李寿石椁及墓志；还有唐安国寺遗址出土的密宗菩萨造像等。

除了西安碑林，唐代石窟寺及石刻还有 2 个。李晟碑（省一）原在东渭桥北的李晟墓前，后移至高陵区博物馆内。该碑由裴度撰文、柳公权书写，极具文学与书法价值。清华山石窟（省四）是西安地区仅存的石窟，内有卧佛造像，弥足珍贵。

宋至清代，石窟寺及石刻仅 2 个。其中，重阳宫祖庵碑林（国五）存碑石 80 余通，被称为“西安小碑林”。其藏碑多与道教有关，有 31 通巨型元碑记载了道教全真派的历史、教义和修炼要旨等内容。其中，《大元敕藏御服之碑》由赵世延撰文、赵孟頫书丹、李孟篆额，书风俊朗。另外，还有 4 通八思巴文与汉文合刻碑，1 通蒙古回鹘文字碑，极为罕见。卧龙寺石刻和铁钟（省二）所在的卧龙寺，原藏有元刻唐代画圣吴道子所画观音像石碑 1 通，现移存于西安碑林博物馆内。

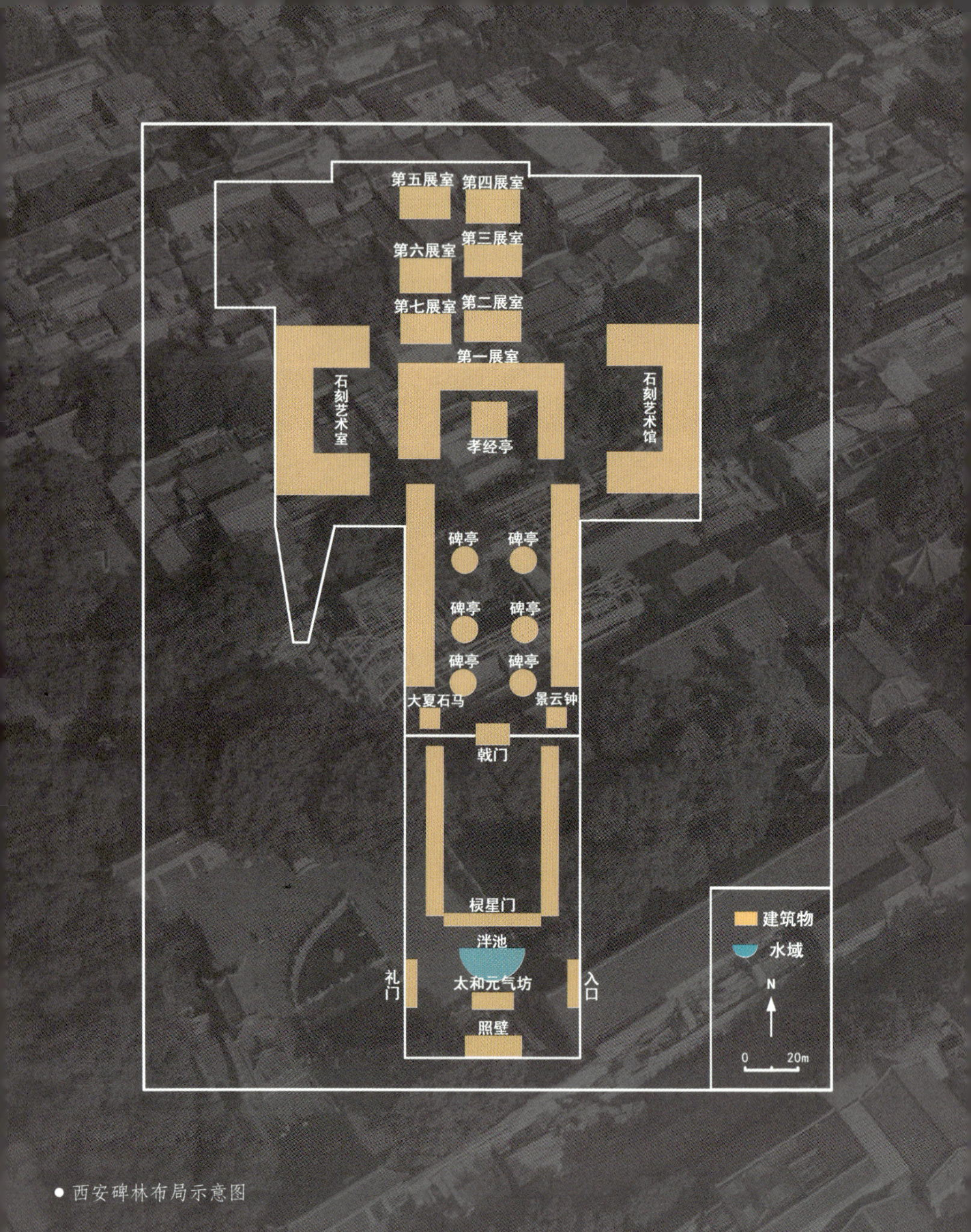
第五展室
第四展室
第三展室
第六展室
第七展室
第二展室
第一展室
石刻艺术室
石刻艺术馆
孝经亭
碑亭
碑亭
碑亭
碑亭
碑亭
碑亭
大夏石马
景云钟
戟门
棂星门
泮池
礼门
太和元气坊
入口
照壁
建筑物
水域
N
0
20m

● 西安碑林布局示意图

西安碑林

平生半世看墨本，摩挲石刻鬓成丝。

西安碑林是中国现存规模最大、年代最早、藏珍最丰富的碑林。

西安碑林历史最早可追溯到唐末五代。唐天祐元年（904）韩建缩建长安城时，开始将原位于唐长安城务本坊国子监内的石台孝经和开成石经迁部分藏品至唐尚书省故址西隅的文庙（今西安市社会路附近）内，但直到后梁开平三年（909）才由刘鄩完成。北宋时，范雍于文庙增设府学，其间文庙又增加了《颜氏家庙碑》等藏品。元丰三年（1080），吕大防将文庙、府学的部分建筑向北迁移（即现址），又由吕大忠在元祐二年（1087）将藏品陆续迁入新址。崇宁二年（1103），经虞策完全迁建与整修，使文庙、府学及碑林同在一处。后经历代维修及增建，藏石日益增多。1959 年，主体建筑大成殿毁于雷火，后辟为孝经亭前广场，遂成今貌。1961 年公布为第一批全国重点文物保护单位。现辟为西安碑林博物馆，对外开放。

碑林遵循传统文庙的建筑格局，自南向北由影壁、太和元气坊、泮池、棂星门、戟门、孝经亭等明清建筑及展室组成。

碑林内藏有汉至清历代石碑，汇集了历代书法大家的作品，篆、隶、楷、行、草诸体俱全。除石碑外，碑林另藏有历代墓志、石雕、铜雕等文物，其中最具代表性的文物有昭陵六骏、献陵石犀、大夏石马等，多从别地出土迁移至此。

西安碑林（王腾 / 摄）

太和元气坊及泮池（倪浩文 / 摄）

太和元气坊

太和元气坊位于碑林照壁以北，紧邻泮池。其名意喻儒家思想为构成世界万物的原始之本，有“合会大利，利贞万物”之意。原牌坊始建于明万历二十年（1592），为明代宗室朱惟燨捐资修造。其后损毁，迁华山西岳庙前形制相仿的牌坊于现址。该牌坊以 12 根红木柱支撑，整体分三层，斗檐为棋形，绘有二龙戏珠及其他各色纹饰。牌坊上的和玺彩绘是古建筑彩画的最高等级，一般用于宫殿建筑或与皇家有关的建筑上。

棂星门（邵世海 / 摄）

戟门（邵世海 / 摄）

戟门

戟门始建时间不详，为单檐歇山顶建筑，上覆绿色琉璃瓦，面阔 3 间，进深 2 间，中为大门，东、西各设侧门。戟门两旁设有配殿，是专供祭祀大典的官员整理衣冠、熟悉仪规的场所。

孝经亭（邵世海 / 摄）

地　　址	碑林区三学街 15 号	收费情况	收费
开放时间	旺季 08:00—18:30，淡季 08:00—18:00	路线推荐	参考线路 5（P627）

孝经亭

孝经亭是为安置石台孝经而建的保护亭，“碑林”二字为清代林则徐所书，亭内所立《石台孝经碑》是碑林中体积最大、知名度最高的石碑，有“迎客第一碑”之称，是篆、隶、楷、行四体书法集于一碑的艺术杰作。

石台孝经碑全景（筱溪听泉 / 摄）

石台孝经刻于唐天宝四年（745），由唐玄宗李隆基作序、注解并书写，太子李亨篆额“大唐开元天宝圣文神武皇帝注孝经台”，宰相李林甫、国子祭酒李齐古主持镌刻而成。中国儒家著作《孝经》主要阐述传统孝道思想，成书于秦汉时期；自汉至唐，为其作注解的人多达近百，但作品多存纰漏谬误。故唐玄宗召集群儒学官为《孝经》作注，完成后的新注解称“孝经注”，刻碑以记。又因碑座用三层石台作垫，故名。石台孝经倍受重视，金正隆五年（1160）、至元十三年（1276）、清乾隆三十七年（1772）多次维修。1937 年大规模整修，黄文弼主持，梁思成指导。这次修整将地面挖低，使 3 层台基全部显露（原仅露 1 层），柱间改为栏杆。1973 年再次维修，在石材缝隙间发现了宋金时期木刻版画《东方朔盗桃》和《唐怀仁集王圣教序碑》整幅南宋拓本。

该碑由四块青石合成长方柱体，高 6.2 米，宽 1.3 米，顶部雕刻灵芝云纹簇拥的双层花冠和神龙，碑座上线刻双狮和卷草纹饰。碑身前三面每面 18 行和尾面前部 7 行，均满行 55 字；注为小字双行，文、注均为隶书。尾面后部分上下两层，上层表文楷书小字 9 行，批答行书大字 3 行 39 字，下层题名分为 4 列。

石台孝经碑首（筱溪听泉 / 摄）

石台孝经碑局部（邵世海 / 摄）

开成石经陈列（成英文 / 摄）

碑刻陈列（邵世海 / 摄）

石刻陈列（邵世海 / 摄）

佛像陈列（郑茂良 / 摄）

碑林陈列

碑林陈列由碑林、石刻艺术与其他文物展览三部分组成，共 12 个展室，碑室 7 座、碑廊 8 座、碑亭 8 座，另有石刻艺术室和 4 座文物陈列室。

第一展室陈列开成石经，是目前仅存的唐代完整石刻经书，内容包括《周易》《尚书》《诗经》等 12 部经书，计 60 多万字，用 114 方石刻成。清代补刻的《孟子》也陈列于该室，合称“十三经”。

圣教序碑局部（筱溪听泉 / 摄）

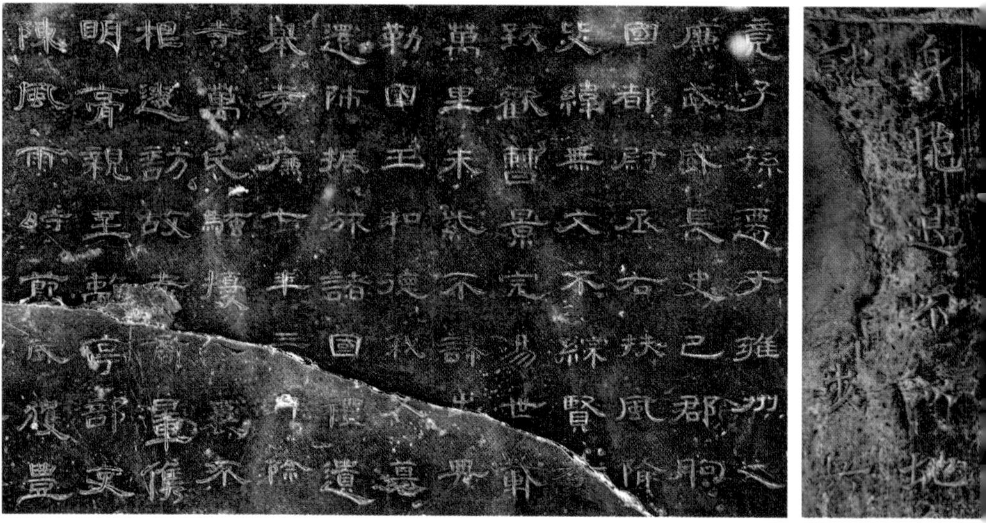

曹全碑局部（筱溪听泉 / 摄）

多宝塔碑局部（筱溪听泉 / 摄）

司马芳碑局部（筱溪听泉 / 摄）

第二展室陈列书法名碑，以唐代碑石为主，《大秦景教流行中国碑》、《大唐三藏圣教序碑》、虞世南《孔子庙堂碑》、褚遂良《同州圣教序碑》、欧阳询《皇甫诞碑》、欧阳通《道因法师碑》、张旭《断千字文》、柳公权《玄秘塔碑》、颜真卿《多宝塔碑》《颜氏家庙碑》等书法名家碑刻皆在此展室。

第三展室陈列汉代至宋代的各种书法字体名碑，其中篆书有唐《美原神泉诗序碑》等，隶书有汉《曹全碑》等，楷书有唐《臧怀恪碑》等，行书有唐《慧坚禅师碑》等，草书有隋《智永千字文碑》等，均为瑰宝。

第四展室陈列宋代至清代书法家苏轼、黄庭坚、米芾、赵孟頫等人的墨宝及明清时期的珍贵碑石，另有部分宋至清代的线刻画，其中以宋刻《唐太极宫残图》《唐兴庆宫图》最具历史价值。

第五展室陈列宋、元、明、清各代的地方史料碑石。

第六展室陈列多为清代诗词歌赋碑石。

第七展室陈列清代复刻《淳化秘阁帖》碑石。

唐李寿石椁及墓志（王腾 / 摄）

唐代石狮及驯狮人（王腾 / 摄）

唐菩萨立像（筱溪听泉 / 摄）

唐密宗菩萨像（筱溪听泉 / 摄）

石刻艺术室中陈列汉代至明清石刻，其中唐李寿石椁及墓志、昭陵六骏、献陵石犀、唐密宗菩萨像等最为重要。

大夏石马全景（邵世海 / 摄）

昭陵六骏之什伐赤（成英文 / 摄）

昭陵六骏之特勒骠（邵世海 / 摄）

昭陵六骏之青骓（成英文 / 摄）

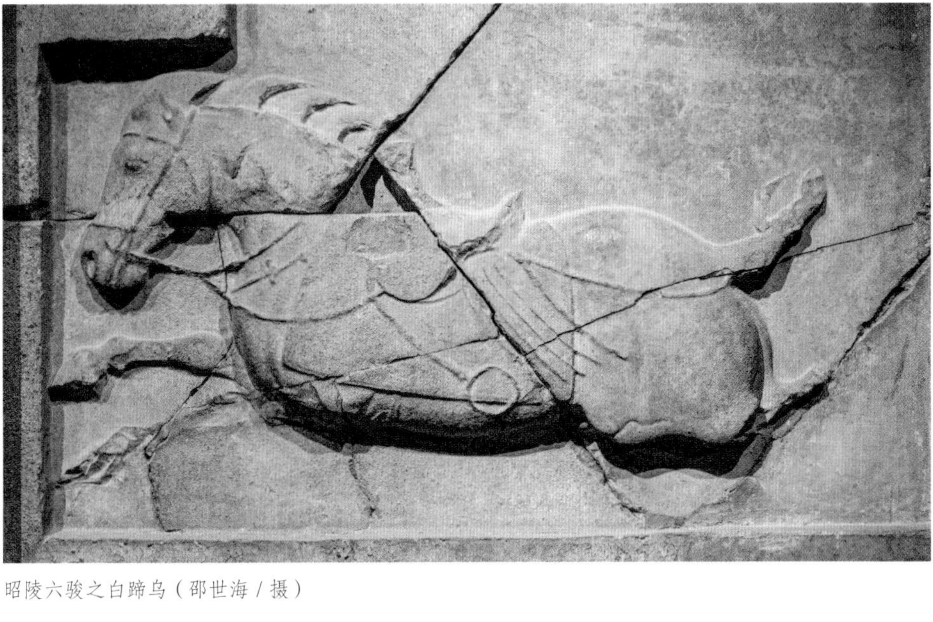

昭陵六骏之白蹄乌（邵世海 / 摄）

重阳宫祖庵碑林

全真遗教契清宁，萧散无为养性灵。

重阳宫全景（成英文 / 摄）

地址	鄠邑区祖庵镇重阳路北端重阳宫内
开放时间	08:00—17:30
收费情况	收费
路线推荐	参考线路 25（P664）

重阳宫大门（张星星 / 摄）

重阳宫大殿（小魏 / 摄）

重阳宫祖庵碑林以保存元、明、清三代石刻闻名，有“西安小碑林”之称。

碑林所在重阳宫俗称祖庵，为道教全真派祖师王重阳宣道及葬骨之地，被全真教视为祖庭。建筑始建于金大定十年（1170），名成道宫。承安四年（1199）改称灵虚观。元世祖加封为重阳万寿宫，大德二年（1298）易名重阳宫，元末宫室渐萎，明、清两代屡次修葺。1962年，将该宫零散碑石集中移至玉皇殿旧址建成重阳宫祖庵碑林。1973 年，为妥善保护碑石建厅 11 间，方成今貌。2001 年公布为第五批全国重点文物保护单位。现辟为景区，对外开放。

碑林全景（小魏 / 摄）

碑林全景（郑茂良 / 摄）

钟馗戏鬼图碑（昕燕居室主 / 摄）

重阳宫祖庵碑林现存碑石 80 余通，其中 31 通为巨型元碑，多记载道教全真派的历史、教义和修炼要旨等内容。碑文由赵孟頫、韩冲、姚燧、王重阳、尹志平等名家所书。

有元代皇帝亲敕圣旨碑 8 通，其中 4 通为蒙古八思巴文与汉文对照合刻，1 通为蒙古回鹘文字，是研究蒙古八思巴文的珍贵实物。另有王重阳祖师及七真画像碑、《无梦令》诗碑和号称“三绝碑”的《大元敕藏御服之碑》《全真开教秘语之碑》《钟馗戏鬼图碑》等碑石，其中《大元敕藏御服之碑》和《皇元孙真人道行碑》为元代书法家赵孟頫作品。

重阳祖师仙迹记碑（郑茂良 / 摄）

全真开教秘语之碑（王雨欣 / 摄）

碑林陈列（张星星 / 摄）

碑中的八思巴文（张星星 / 摄）

第五章 近现代重要史迹及代表性建筑

西安是西北地区重要的民主革命阵地、文教事业的繁荣高地、工业文明的发展重地，有着较为丰富的近代历史遗存。截至 2021 年的数据统计，西安地域内市级及以上的近现代重要史迹及代表性建筑类文物保护单位数量为 49 个。其中国家级文保 5 个，省级文保 23 个，市级文保 21 个。

清中后期，随着基督教的传播，关中地区陆续出现了带有西式风格的教堂建筑，此即西安近代建筑的萌芽。由清末进入 20 世纪，随着经济社会的不断发展、对外交流的日益深入，西安的近代建筑也步入了快速发展时期。尤其是随着国民政府定西安为陪都、陇海铁路西安段的开通，西安的城市建设日新月异，一批新式建筑相继诞生。1949 年后，在国家的大力投资建设之下，西安地区的新式建筑进一步发展壮大，为十三朝古都增添了新的气象。

这些建筑作为中外文化交融下的产物，多具明显的中西结合特征，种类包括红色地标类建筑、政府机关类建筑、公共事业（科教文卫）类建筑、公馆民居类建筑、工商类建筑、宗教类建筑、墓葬及纪念性建筑等。

这其中以红色地标类建筑最为突出。革命公园（国八）是西安唯一一处近现代红色革命纪念性城市公园，集纪念性公园、革命旧址为一身。八路军西安办事处旧址（国三）展示了其为中华民族的独立与解放做出的重要贡献。葛牌镇红二十五军军部旧址（国八）见证着中国工农红军第二十五军在葛牌镇的革命活动。西安事变旧址（国二）除了有红色文化教育意义外，其中的五处都是非常优秀的公馆民居类建筑。此类建筑中还有高培支旧居（省四）、孙蔚如旧居（市二）等为人熟知。公共事业（科教文卫）类建筑中的中山图书馆旧址（省四）是中国最早成立的省级公共图书馆之一，西北大学礼堂（省五）、西安交通大学主楼群（省六）等高校建筑是西安近现代教育事业的见证者，易俗社剧场（国六）、西安人民剧院（省五）、西安和平电影院（省六）则是西安戏剧文化繁荣的映射。政府机关类建筑中以陕建集团办公楼（省五）、西安邮政局大楼（省六）、民盟省委会工作站办公楼（市四）、陕西省民政厅办公楼（市四）为代表。墓葬及纪念性建筑中的杨虎城陵园（省六）、汪锋故居及墓园（省七）等都是重要的缅怀先烈之地。这些优秀的近现代筑共同组成了西安新的城市面容。

革命公园

虎战龙争古城秋，永夜依依照白头。

革命公园全景（成英文 / 摄）

地　址	新城区西五路 53 号
开放时间	全天
收费情况	免费
路线推荐	参考线路 8（P632）

革命公园是为纪念北伐战争前夕，军阀刘镇华围攻西安时所牺牲军民而建的纪念场所。

公园前身为1927年冯玉祥提议在北新街与尚德路间修筑的两座大冢，冢内掩埋围城中死难军民尸骸共3043具（一说2743具）。公园最初北起西七路，南达东新街，东抵尚德路，西至北新街，有大门、“天下为公”牌楼、光明楼、革命亭、东西大冢、忠烈祠等建筑。1928年开拓西五路时公园被一分为二，南部辟为体育场，北部保留。三十年代起公园又逐步遭蚕食，大门、牌楼、光明楼及南北烈祠不存。1951年，为表彰王泰吉、王泰诚烈士的功绩，在公园内西南角修建了烈士纪念碑和纪念亭。1993年，为纪念杨虎城将军100周年诞辰，立杨虎城将军铜像。2005年立刘志丹汉白玉像。2006年立谢子长将军像。2019年公布为第八批全国重点文物保护单位。现免费对外开放。

公园现占地150余亩，主要建筑有革命亭、忠烈祠、东烈祠、西烈祠、东西大冢、王泰吉王泰诚烈士纪念碑亭等，还有于右任、冯玉祥等人书写的纪念碑数通。

这些建筑物基本呈对称分布，以南门、革命亭、忠烈祠为中轴线，其他建筑物依次排列在中轴线两侧。

革命亭和忠烈祠俯瞰（鸿慈永祜 / 摄）

革命亭正面全景（卞润梓 / 摄）

革命亭背面全景（卞润梓 / 摄）

革命亭

革命亭原为陕西贡院明远楼，1927 年拆迁至此复建，是革命公园的中心建筑。原为二层，1949 年后改建为三层，后又两次整修。

现亭高约 19 米，为八角攒尖三重檐建筑，保留了清代建筑风格。亭基座为正方形，边长约 13 米，四周设立柱回廊；第二层亦为正方形，向内收缩；第三层切四角，变为正八角形。亭顶南檐下悬书法家寇遐隶书“革命亭”竖匾。亭正面一层明间及次间檐柱上分别悬挂杨虎城和沈兰平题联：“生者千古死者千古，功满三秦誉满三秦”“碧血丹心松柏亭台怀烈士，青山绿水熏风花树醉游”。

忠烈祠全景（鸿慈永祜 / 摄）

忠烈祠

忠烈祠位于革命亭后，为纪念在辛亥革命和国民革命中牺牲的烈士而建。祠堂为歇山顶建筑，面阔 5 间，进深 3 间，内部陈列有“不朽的丰碑永久的纪念——革命公园历史图片展”，免费对外开放。忠烈祠东西两侧竖立着石碑数通，包括于右任手书《殉难人民纪念碑》《阵亡将士纪念碑》、刘郁芬撰《西北革命殉难军民合冢铭》、李虎臣《陕西革命大祭纪念碑》、冯玉祥《西安革命公园国殇墓碑》、杨虎城所建《井勿幕纪念碑》等。

东冢、西冢

东冢、西冢位于革命亭两侧，是 1927 年为埋葬死于围城的军民而建，俗称万人冢、负土冢，是革命公园现存最早的建筑物。

所埋遗骨按男女左右分葬，东冢为男冢，西冢为女冢。墓冢均为圆形，高 2.2 米，底部以平砖包砌。

东冢航拍（成英文 / 摄）

东烈祠全景（卞润梓 / 摄）

东烈祠、西烈祠

公园原建东、南、西、北四处烈士祠，用来展示烈士遗物、供奉牌位。现南、北烈祠不存，仅留东、西烈祠。东、西烈祠对称分布于忠烈祠后，为歇山顶仿古建筑，面阔 3 间，进深 1 间，如今东烈祠已改为茶室。

王泰吉、王泰诚烈士纪念碑（郑茂良 / 摄）

王泰吉、王泰诚烈士纪念碑

纪念碑位于公园西南角，是 1951 年为纪念在渭华起义中牺牲的王泰吉、王泰诚兄弟而修建的。纪念碑为四方柱体，高 2.4 米，正面刻“烈士王泰吉、王泰诚之纪念塔”字样，背面刻有烈士传略、烈士刑前遗诗等。

西安事变旧址

风飘飘兮雨萧萧，萧墙祸生人事变。

西安事变旧址中的张学良公馆（苟秉宸 / 摄）

西安事变旧址是西安事变发生及当事人员活动的主要场地。

1936 年 12 月 12 日，为挽救民族危亡、停止内战一致抗日，张学良、杨虎城在临潼对蒋介石实行兵谏，发动了震惊中外的西安事变。

12 月 16 日，以周恩来为首的中共代表团赴西安调停，促成了西安事变的和平解决，极大地推动了全国抗日态势，成为中国革命史上的一大转折。1982 年公布为第二批全国重点文物保护单位。

西安事变旧址包括西安张学良公馆、西安事变指挥部、新城黄楼、止园、高桂滋公馆、西京招待所、华清池五间厅、兵谏亭。

张学良公馆（成英文 / 摄）

地　址	碑林区建国路 69 号	收费情况	免费
开放时间	09:00—17:00（周一闭馆）	路线推荐	参考线路 6（P628）

张学良公馆

张学良公馆建于1935年，原为通济信托公司房地产。张学良任“西北剿匪副总司令”移驻西安后租为官邸。

张学良公馆中楼（鸿慈永祜 / 摄）

1936 年西安事变爆发后，周恩来率代表团居住在公馆东楼。在此期间，中共代表团，张、杨两将军与南京代表团在西楼举行会谈，达成停止内战、共同抗日的六项协议。1937 年东北军东调后，公馆租予他人。西楼先后租赁给陕西省政府主席蒋鼎文和傅作义部驻西安办事处；中楼和东楼曾租赁给福记和合面粉公司、泰记和合面粉公司。1949 年后，公馆先后成为中共中央西北局行政处和陕西省委干部招待所的一部分。1983 年收归陕西省文物局，修缮后于 1986 年作为西安事变纪念馆对外开放。

公馆院内由三幢三层楼房和数座平房组成。三幢楼房自东向西分别称为东楼（A 楼）、中楼（B 楼）、西楼（C 楼）。三幢楼均为中西结合式样，平面呈十字形，除屋顶外形态基本相同。东、西两楼为坡屋顶，中楼局部为歇山顶。各楼门均向北开，门入口处皆建有骑楼，北侧均有小花坛，院落大门正对中楼。西楼为张学良居住和办公之地，曾有独立围墙和大院隔开。东楼为东北军驻外官员临时来陕住所。中楼为副官及秘书的办公场所。

张学良公馆东楼（鸿慈永祐 / 摄）

张学良公馆西楼（王腾 / 摄）

平房改造的展厅（成英文 / 摄）

公馆内另有两排平房，北排为承启室、传达室、接待室和汽车库；南排是食堂和卫士宿舍。

张学良（1901—2001），辽宁台安人，奉系军阀首领张作霖长子，中国近代爱国将领。任东北保安军总司令时坚持东北易帜。后任中华民国陆海空军副司令，陆军一级上将。策划发动西安事变，促成国共二次合作。后遭长期软禁，恢复自由后侨居美国夏威夷，病逝于檀香山。

内部复原场景（成英文 / 摄）

内部复原场景（成英文 / 摄）

西安事变指挥部外观（郑茂良 / 摄）

地　址	新城区东新街 403 号新城大院内	收费情况	无
开放时间	不开放	路线推荐	参考线路 8（P632）

西安事变指挥部

西安事变指挥部原为杨虎城公馆，始建于1931年，是杨虎城主政陕西期间的官邸之一。西安事变时该公馆为张学良、杨虎城的临时指挥部，杨虎城与周恩来曾多次在此会谈。现由陕西省文物局管理使用，不对外开放。

走廊（郑茂良 / 摄）

卧室（郑茂良 / 摄）

建筑为歇山顶，砖木结构，顶施灰布板瓦、筒瓦压脊，檐角起翘。建筑周围有回廊，四周有院墙。

杨虎城（1893—1949），陕西蒲城人，民国陕军将领。武昌起义后参加陕西民军，投身辛亥革命。历经二虎守长安、奇袭唐生智等重大战役，为十七路军总指挥，陆军二级上将，陕西省主席。策划发动西安事变，促成国共二次合作，结成抗日民族统一战线。后被逼令辞职，囚禁 12 年，终被秘密杀害。

小会议室兼餐厅（郑茂良 / 摄）

会客室（郑茂良 / 摄）

新城黄楼正面外观（卞润梓 / 摄）

新城黄楼背面外观（卞润梓 / 摄）

地　址	新城区东新街 403 号新城大院内	收费情况	无
开放时间	不开放	路线推荐	参考线路 8（P632）

新城黄楼

新城黄楼始建于 1927 年，是陕西省政府和西安绥靖公署的会议室，因外墙为黄色而得名。这里曾是杨虎城在陕主政的官邸，也是西安事变的指挥中心之一。1936 年 12 月 12 日，蒋介石从临潼被扣押回西安后暂住于黄楼东厢房。中共代表周恩来与国民政府代表宋子文多次在黄楼谈判，最终促成西安事变的和平解决。1949 年西安解放后，黄楼先后为陕甘宁边区政府、西北军政委员会、陕西省人民政府的会议室。现由陕西省人民政府办公厅管理使用，不对外开放。

黄昏中的黄楼（苟秉宸 / 摄）

建筑仅有一层，坐北朝南，砖木结构。建筑平面呈中心对称布局，中部为歇山顶建筑，平面呈方形，为 200 座大会议厅。四角各建有一座八角形亭式角楼，角楼屋顶组合相接，东北、东南、西南三个角楼内为小会议室，西北角楼为服务人员室与卫生间。建筑南北各有门楼一座，平面为半八角形，四周有回廊。

原蒋介石寝室门（郑茂良 / 摄）

原蒋介石寝室内景（郑茂良 / 摄）

原蒋介石寝室内景（郑茂良 / 摄）

止园俯瞰（鸿慈永祜 / 摄）

地　　址	莲湖区青年路 117 号
开放时间	09:00—17:00（周一闭馆）
收费情况	免费
路线推荐	参考线路 9（P634）

止园

止园建于 1930 年，为杨虎城自己筹资所建，原名紫园，取“紫气东来”之意。1936 年改为止园，寓意“止戈为武”。

止园结构布局（成英文 / 摄）

西安事变后，杨虎城在此与周恩来数次会谈。1937 年杨虎城离陕，止园被作他用。西安解放后，曾为解放军第一野战军第六军军部。1949 年后，止园先后成为西北军政委员会办公地、陕西省政府招待所、止园饭店的一部分。1983 年辟为杨虎城将军纪念馆，对外开放。

建筑后门
（鸿慈永祜 / 摄）

止园大门（卞润梓 / 摄）

止园建筑外观（卞润梓 / 摄）

止园建筑内部改造的展厅（成英文 / 摄）

止园为二进院落，坐北朝南，四面砖围墙，中轴对称布局，正门上有书法家寇遐所题“止园”匾。主楼为中西合璧的三层小楼，建在后院约 1 米高的砖砌平台之上，地上二层，地下室一层。主楼底层为半地下室，包括一间小厅和两间仿窑洞形式的住房，是杨虎城特意为其母亲设立的。其入口在底层背面中部，门外凸出部分建歇山顶雨亭，四角木柱承重，覆盖半地下入口，两侧设出入踏步。一层中部正面设正门，两旁为门廊，中间前凸部分建有挑檐式护门房，内设有大厅、会客厅及杨虎城夫妇卧室；二层中部为客厅及通廊，东西两端为卧室。背面中部为室内通廊，两端设转角木楼梯通往一层。

建筑整体外形呈现中西合璧的样式。屋顶为歇山顶，屋面上覆筒瓦，屋脊、脊饰、檐口等一应俱全，檐下设红漆木柱及额枋。结构为砖木混合，传统抬梁式木屋架，外墙清水青砖墙砌筑。

止园建筑内部场景复原（成英文 / 摄）

止园建筑内部场景复原（成英文 / 摄）

高桂滋公馆（成英文 / 摄）

地　　址	碑林区建国路 83 号
开放时间	不开放
收费情况	无
路线推荐	参考线路 6（P628）

高桂滋公馆

高桂滋公馆始建于 1933 年，为国民革命军八十军军长高桂滋将军的官邸。1936 年 12 月 14 日，蒋介石由新城黄楼迁住公馆东耳房。24 日晚，周恩来在此会见蒋介石，初步达成了六项协议。1952 年抗美援朝期间，高桂滋将公馆捐献给国家。公馆先后成为西北行政委员会妇女联合会、中苏友好协会陕西分会办公用地。1954 年成为陕西省作家协会的办公地点。现为中国作家协会陕西分会管理使用，不对外开放。

公馆外观（郑茂良 / 摄）

公馆原有一座主楼和三座院落，现仅存西式主楼和其前方的喷水池。主楼坐北面南，为中西合璧的二层楼房。平面呈矩形，面阔 5 间，进深 4 间。一层为半地下式，为储藏室及锅炉房。二层左为会客室，右为餐厅，后排为卧室，外侧有回廊及阳台。楼外两侧有楼梯可以通到半地下室的一层和二层的客房。建筑外观采用西式建筑做法。中部为柱廊和墙面，正中三间为爱奥尼克式柱廊，两侧柱间有瓶形护栏，柱廊两侧的墙面正中开窗，窗户有西式小山花做装饰的窗套。顶部为檐口、女儿墙和山花。小青瓦屋面，叠瓦而成的正脊，屋面正中开西式老虎窗。

高桂滋（1891—1959），陕西定边人，国民党陆军中将。参加辛亥革命后加入同盟会，曾参加过长城抗战、平型关战役、忻口战役、中条山战役等多次著名会战。解放战争时期曾为中共地下组织提供重要情报。为第二届全国政协委员，后病逝于北京。

西京招待所（成英文 / 摄）

地　址	新城区解放路与西四路口西北角	收费情况	无
开放时间	不开放	路线推荐	参考线路 8（P632）

西京招待所

西京招待所由中国旅行社于 1933 年出资建设，1935 年 10 月建成，原为接待国民党军政要员和外籍名人的场所，是当时西北唯一的特级酒店。1936 年 12 月，蒋介石抵西安后曾在西京招待所暂住，与其一同来陕的陈诚、卫立煌等十余人及随从下属下榻于此。

建筑外观（李越 / 摄）

西安事变当日，杨虎城十七路军包围该处，将上述人员扣留。中共方面赴西安进行谈判时，周恩来曾在此召开中外记者招待会。抗战时期，美国飞虎队队员和许多外国记者也曾在此居住。西安解放后，招待所迁往西大街，原址成为陕甘宁边区政府交际处，专门负责涉外活动。1958 年，省政协进驻西京招待所办公。其后陕西省外事办、省政府侨务办公室、省对外友好协会等在此办公。2011 年三家单位迁出，建筑空置，不对外开放。

西京招待所大门面向东南，中有花园。建筑平面呈人字形，正中为三层八角形楼房，功能为门厅和客厅；东侧与南侧两翼为两层楼房，功能为客房。外观为西式风格，门厅顶部设阳台和水泥栏杆，外墙面为砖砌勾缝，屋面板上敷油毡，楼顶采用美国淡红色凹棱铁皮覆盖。共有客房 46 间，其中两床房 12 间附有专门浴室及卫生间，其余则备有公共卫生洗澡间。有餐厅，备中西菜。附设理发室、洗衣房及代收电报房。冬季有暖气设备，为当时西安仅有。

华清池五间厅外观（成英文 / 摄）

地　址	临潼区华清池景区内
开放时间	旺季 07:00—19:00，淡季 07:30—18:00
收费情况	收费
路线推荐	参考线路 12（P640）

华清池五间厅

华清池五间厅建于 1900 年，初为迎接因八国联军进攻北京而西逃的慈禧而建，由五个单间厅房相连而得名。1934 年，陕西省政府主席邵力子向银行借款对其维修。1936 年蒋介石两次来陕时都曾下榻于此。西安事变爆发前夕，张学良、杨虎城两次来此劝谏蒋介石停止内战，均遭蒋介石拒绝。1936 年 12 月 12 日凌晨，蒋介石被枪声惊醒跳窗逃跑，后被东北军搜山时发现。1949 年后，数次对五间厅进行修缮。1986 年，五间厅恢复当年陈列并作为华清池景区的重要组成部分，对外开放。

内部场景复原（成英文 / 摄）

内部场景复原（成英文 / 摄）

五间厅占地面积约 600 平方米，为砖木结构中式平房，由西向东依次是秘书室、蒋介石卧室、蒋介石办公室、会议室、侍从室、主任钱大钧办公室。五间厅的玻璃窗和墙壁上，还保留有兵谏激战时的弹痕。

内部场景复原（成英文 / 摄）

墙壁上的弹孔（曹乃木 / 摄）

玻璃窗上的弹孔（倪浩文 / 摄）

兵谏亭远景（成英文 / 摄）

地　址	临潼区华清池景区内	收费情况	收费
开放时间	旺季 07:00—19:00，淡季 07:30—18:00	路线推荐	参考线路 12（P640）

兵谏亭

兵谏亭是西安事变期间蒋介石在华清池被擒之地。

兵谏亭外观及摩崖石刻（成英文 / 摄）

1936 年 12 月 12 日凌晨，西安事变爆发，蒋介石被枪声惊醒从五间厅跳窗逃跑，躲藏在一块巨石（虎斑石）后，最终被东北军士兵发现并押送至西安新城黄楼。西安事变和平解决后，陈立夫、胡宗南等人先后在附近题写“蒋委员长蒙难处”等题词并刻于周围山石上。1946 年西安事变十周年之际，由胡宗南发起，在此处建钢筋水泥结构西式亭一座，命名为避难亭，也称蒙难亭、民族复兴亭。1949 年后改名为捉蒋亭。1986 年又更名为兵谏亭。现作为华清池景区的组成部分对外开放。

亭平面呈正方形，石造，高 4 米，四边均长 5 米。由 4 根古希腊多立克式柱支撑，无柱础，柱身有尖齿凹槽。柱式上部为三垅板形式的檐口，其上为三角形山花。建筑从材料到形式都完全按照西方建筑形式，是西安近代极少数看不到中国传统建筑影响的建筑实例。

兵谏亭外观及摩崖石刻（成英文 / 摄）

蒋介石藏身处
（成英文 / 摄）

八路军西安办事处旧址

英雄抗日征战死，七贤庄前望银河。

八路军西安办事处俯瞰（鸿慈永祐 / 摄）

地　址	新城区北新街七贤庄 1 号
开放时间	09:00—17:00（周一闭馆）
收费情况	免费
路线推荐	参考线路 8（P632）

八路军西安办事处也称八路军驻陕办事处，是抗日战争期间中国共产党为发动群众、开展抗日救亡运动而设立的公开派出机构。抗战期间，办事处广泛开展统一战线工作，输送大批青年奔赴延安，保障边区物资供应，为抗战胜利作出巨大贡献。

八路军西安办事处建筑外观（宜宾客 / 摄）

建筑群始建于 1934 年，为陕西省银行与私人合资兴建，时任陕西工商日报社社长的成柏仁题名为“七贤庄”。1936 年年初，为解决陕北物资供应问题，中共在七贤庄 1 号院设立秘密转运站。西安事变后，转运站转为半公开，设红军驻西安联络处。1937 年更名为国民革命军第八路军驻陕办事处，办公地点扩大到 3、4、7 号院。抗日战争胜利后，于 1946 年撤往延安。1959 年在原址成立八路军西安办事处纪念馆。1988 年公布为全国第三批重点文物保护单位。现免费对外开放。

旧址所在七贤庄共有 10 座院落，均为四合院式建筑，坐北向南、自西向东排列，其中办事处设在 1、3、4、7 号院。1 号院是主要办公地，共有 5 幢平房，形成 4 个相连的小四合院。主体建筑砖木结构，硬山顶，青砖白墙，面阔 5 间，进深 6 间，下设地下室。院落南、西、北各设 1 门。3、4、7 号院依次间隔向东排列，结构与 1 号院基本相同。3、4 号院为办事处下属部门与工作人员居室，7 号院为招待所。设备已现代化，一般都有水电设备和卫生间。

八路军西安办事处内景（宜宾客 / 摄）

八路军西安办事处内景（鸿慈永祜 / 摄）

葛牌镇红二十五军军部旧址

情怀万里长征客，春风门外有红旗。

葛牌镇红二十五军军部旧址（成雨超 / 摄）

地　址	蓝田县葛牌镇蓝葛路
开放时间	08:30—17:30
收费情况	免费
路线推荐	需单独寻访，周边无串联

葛牌镇红二十五军军部旧址是中国工农红军第二十五军在葛牌镇的革命活动旧址。

军部旧址外观（成英文 / 摄）

旧址原为“逢源和”商号。1935 年 2 月 3 日，红二十五军在吴焕先、程子华、徐海东等人率领下长征入陕，在葛牌镇全歼围敌，有力地粉碎了国民党军队的围追堵截，在鄂豫陕省委领导下创建了西安地区最早的红色政权。红二十五军抵达葛牌镇后，将此处作为军部使用，7 月，红二十五军离开后改作他用。2019 年公布为第八批全国重点文物保护单位。现与葛牌镇区苏维埃政府旧址、鄂豫陕省委扩大会议旧址一起组成葛牌镇区苏维埃政府纪念馆，免费对外开放。

红二十五军军部旧址占地 720 平方米，原为一院落，长 31 米，宽 15 米，内有房舍 14 间。现存前房 7 间，其余拆后重建。

红二十五军是一支有传奇色彩的革命队伍，是在长征期间唯一一个创建了革命根据地的队伍，也是长征期间唯一一个没有减员反而壮大的队伍，同时还是第一个经过长征到达陕北的革命队伍，为中国红军起到了向导作用。

军部旧址二层楼全景（成雨超 / 摄）

军部旧址沿河房全景（成雨超 / 摄）

易俗社剧场

旋翻新谱声初足，长生新馆立烟波。

易俗社俯瞰（鸿慈永祜 / 摄）

地　　址	新城区西一路 283 号
开放时间	根据演出安排不定期开放
收费情况	收费
路线推荐	参考线路 6（P628）

易俗社剧场是西安市秦腔演出及戏曲教育团体的主要活动场地，也是中国现存较早、保存较完好的新式剧场。

易俗社剧场大门（张驰 / 摄）

易俗社始建于 1912 年，由陕西修史局总纂李桐轩、孙仁玉发起组建。初名西安易俗伶社学社。1917 年购得武庙街宜春园作为演出场所，改建维修后，新开 3 道大门，建木门楼，门楼正中镶洪子明书“易俗社”匾额，成为此后的易俗社剧场。1924 年鲁迅来西安讲学时在此观戏，曾题“古调独弹”匾。1933 年由封至模设计对其改造。1940 年，日本飞机炸毁剧场的八角飞檐屋顶，后补修。1964 年和 1966 年增加、更新和改建了一系列设施。1994 年又进行加固维修。2006 年公布为第六批全国重点文物保护单位。现不定期演出，对外开放。

剧场现为重檐庑殿顶的二层砖木建筑。建筑坐南面北，面阔 6 间，进深 14 间。建筑正立面为中间高、两侧低的跌落山墙式处理，山墙顶端为歇山顶，覆绿色琉璃瓦。二层立柱上额书“西安易俗社”。

一层由前厅、后台、舞台、观众席和展览区组成。其中，镜框式舞台约占 5 间。观众池为 9 间长、6 间宽，内有立柱 26 根。池厅两侧各 5 间，设偏座。二层设接待室、楼座及包间若干。剧场原设有池区座位 647 席、楼座 308 席，立柱之外为站位，现有改动。

易俗社剧场内部场景（马攸宁 / 摄）

易俗社剧场内部场景（马攸宁 / 摄）

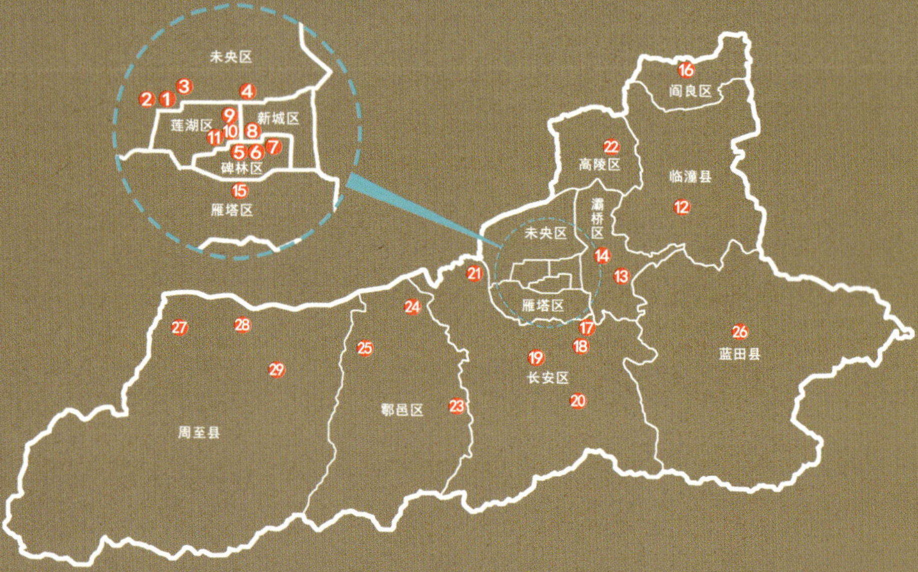

西安寻迹路线分布示意图

第六章 寻访线路规划

西安的各级文保想在一本书中概全，是很难做到的。择优选取，合理规划，才能系统地梳理西安的各类各级文保。本书以 58 个国保单位、约 130 个文保子项为串联核心，以区域规划的模式，把国保周边的省保、市保等相互联系，形成方便又高效的寻访组合。

通过这种模式，本书设计了 29 条线路，基本覆盖了全部的西安行政区。其中未央区 4 条、碑林区 3 条、新城区 1 条、莲湖区 3 条、临潼区 1 条、灞桥区 2 条、雁塔区 1 条、阎良区 1 条、长安区 5 条、高陵区 1 条、鄠邑区 3 条、蓝田县 1 条、周至县 3 条。其中部分跨区线路，以该线路涉及文保数量较多的区为主。每条线路大约以一天行程为参考，也可以根据自己的偏好或时间安排进行取舍。若时间充裕，还可以根据华夏古迹图网站、App 或小程序酌情添加周边其他文保。

因为每个国保包含的内容不同，有单体文保，有打包文保，还有多子项文保，路线的规划难免要进行选择和取舍。以隋大兴唐长安城遗址为例，其文保点较多且文保点间的距离较远，而地表遗存却大致相同，所以路线规划中并没有把所有城门和点位全部规划进来，而是选择了保存好的、特点突出的。如果想更深入地把所有点位全部走齐，需要依靠华夏古迹图进一步规划。线路规划我们也采用了图文结合的方式，其中的设计方式在此简要介绍：

1. 路线图中的国保、省保、市保，我们分别用红色、蓝色和绿色进行分类标识，同时用数字标明寻访顺序，可更直观地确认核心文保点和了解文保之间的位置。

2. 在介绍文字中，我们对每处文保的推荐寻访方式、注意事项、开放情况做了提示，便于出发前有所选择和准备。

3. 在一些内容较丰富的线路中，各精选了 2 处省保或市保的代表性图片进行展示。

最后我们温馨提示：在寻访古迹的过程中，除了正式开放的景区或公共区域外，其他涉及民居或办公单位等文保区域，建议在未征得许可的情况下不要贸然进入（即文中标明的“需预约”的文保）。最重要的是，在寻访过程中注意自身安全的同时，不要擅自移动、损坏或带走相关文物，要做文明的访古人。

带上书，出发吧，按图索迹，寻遍西安！

线路 1（未央区）

推荐寻访方式

步行

推荐寻访路线

此段寻访均在未央宫国家考古遗址公园（免费景区）内，包含汉长安城城门、城墙及未央宫遗址。可按路线一一寻访。

推荐寻访重点

从市区驱车至遗址公园需约 40 分钟，公共交通约 1 小时。但公园内只能步行，虽然文保点紧密，但公园面积广阔，全部寻访推荐 1 天时间。如时间允许，可以与东边的建章宫区域进行串联。当然，除了以上推荐，周边还有其他各级文保，时间充裕可根据华古 App 或小程序酌情增加。

线路 2（未央区）

推荐寻访方式

自驾

推荐寻访路线

此段寻访从上林苑三号建筑遗址（公共区域）开始，向东北约 4 千米即为建章宫遗址（公共区域），包含神明台遗址、太液池遗址、建章宫前殿遗址、双凤阙遗址等，之间相距均不足 1 千米，可从西向东依次寻访。之后向东北约 4 千米，寻访汉长安城遗址的子项桂宫遗址（公共区域）作为此路线的终点。

推荐寻访重点

从市区驱车至上林苑三号建筑遗址需约 40 分钟，有夯土台基可寻访，半小时即可。向东北约 15 分钟即为建章宫遗址区域，其中的 4 处遗址地表均仅有夯土和文保碑，1 小时可寻访完成。再向东北约 15 分钟抵达桂宫遗址，有一、二号两处建筑遗址可依次寻访。此处回市区需约 45 分钟，综合以上所有文保点，所需时间约半天。如时间允许，可以与南边的未央宫区域进行串联。当然，除了以上推荐，周边还有其他各级文保，时间充裕可根据华古 App 或小程序酌情增加。

线路 3（未央区）

推荐寻访方式

自驾 + 步行

推荐寻访路线

此段寻访相对复杂，因为有些区域是公园，需步行进入再折返取车继续。从汉长安城霸城门遗址（公共区域）开始，步行向南约 1.5 千米寻访汉长安城东南城角遗址（公共区域），折返后驱车向北沿护城河依次有清明门遗址（公共区域）、敦煌寺塔（公共区域）、宣平门遗址（公共区域）可一并寻访。转而向西 3 千米有感业寺遗址（公共区域），寻访完向东北有洛城门遗址（公共区域），西北有中渭桥遗址（公共区域）。最后向南约 8 千米到达长乐宫遗址展厅（需预约）完成寻访。

推荐寻访重点

从市区驱车至汉长安城霸城门遗址需约 40 分钟，步行至东南城角遗址约 20 分钟，加上寻访时间，这两处约用时 1 小时。其后几处文保点车距均约 15 分钟，寻访时间推荐半小时。长乐宫遗址包含展厅和室外遗迹，推荐 1 小时，由此返回市区需约 40 分钟，综合以上所有文保点，所需时间 1 天。

敦煌寺塔

（成英文／摄）

感业寺遗址

（成英文／摄）

线路 4（未央区）

推荐寻访方式

步行

推荐寻访路线

此段寻访均在大明宫国家考古遗址公园（收费景区）内，大明宫面积较大，内部只能步行，可按路线一一寻访。

推荐寻访重点

公园内只能步行，加上内部的博物馆，全部寻访推荐 1 天时间。除了以上推荐，周边还有省保，若时间充裕，可根据华古 App 或小程序酌情增加。

线路 5（碑林区）

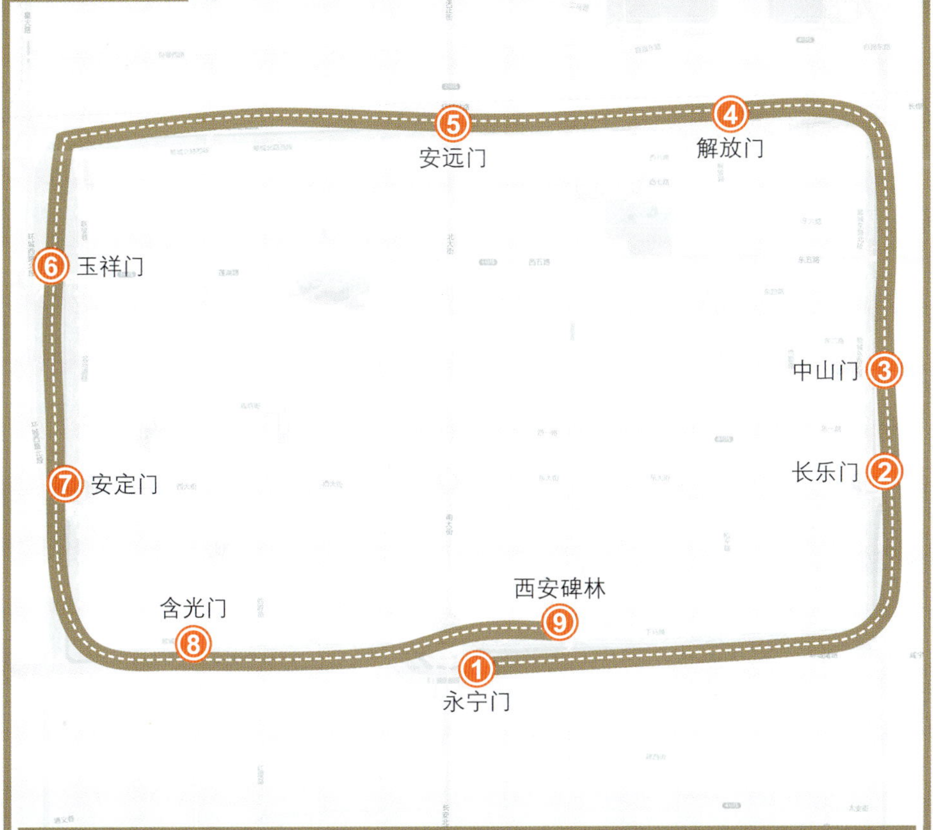

推荐寻访方式

骑行或步行

推荐寻访路线

此段寻访仅两处国保，西安城墙和西安碑林，均为收费景区。从永宁门开始，登上城墙后逆时针方向寻访，城墙全长约 14 千米，有自行车可以租借。沿途可俯瞰或远眺城内外，文昌门附近可俯瞰碑林，解放门附近可远观大明宫等。至安远门可下城墙至城墙外沿墙参观，至含光门还有博物馆可以进入，最终返回永宁门进入城内。之后向东 500 米参观西安碑林。

推荐寻访重点

城墙游览一圈的时间很难估测，最少半天。西安碑林的内容极为丰富，最少也要半天。综合一下需 1—2 天。

线路 6（碑林区）

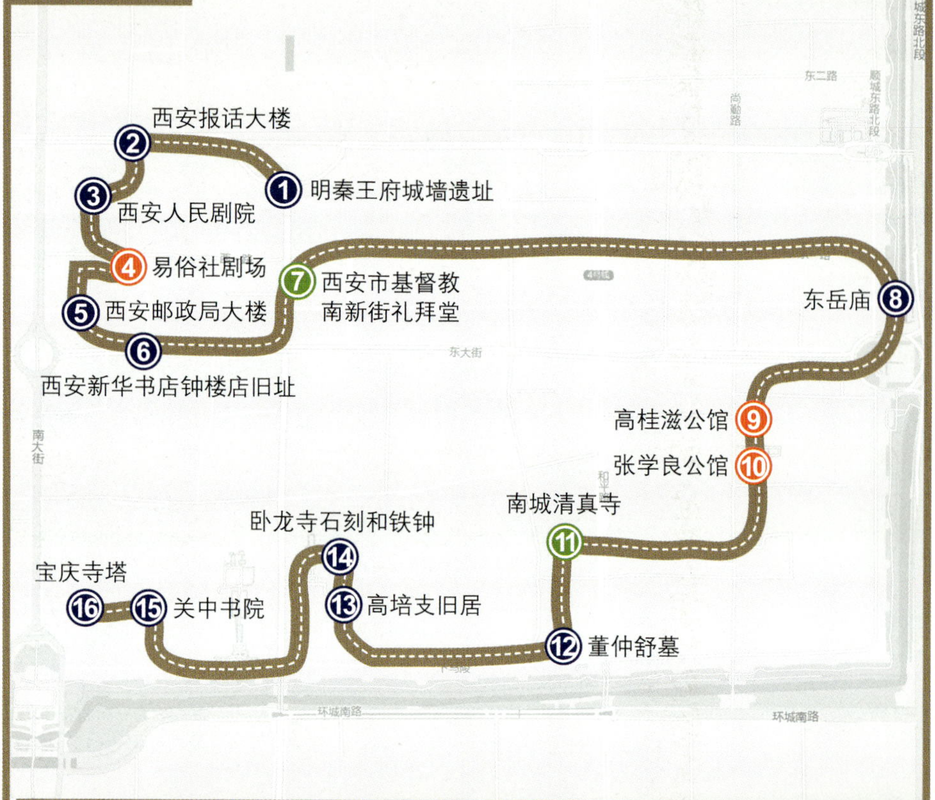

推荐寻访方式

骑行或步行

推荐寻访路线

此路线集中在城墙内的东南片区，虽然规划的数量很多，但很多文保点内部还是办事机构所在地，外立面参观方便，进入内部需要预约或联系管理人员。这其中明秦王府城墙遗址、宝庆寺塔为公共区域，东岳庙、张学良公馆、卧龙寺石刻和铁钟为免费景区，其他都需提前询问开放情况。

推荐寻访重点

因为开放情况比较复杂，如果均可进入内部一观，则至少需要 1 天时间。当然，除了以上推荐，时间允许还可以和城墙内的另外三条线路串联，周边还有其他各级文保，若时间充裕，可根据华古 App 或小程序酌情增加。

明秦王府城墙遗址

（成英文/摄）

西安报话大楼

（成英文/摄）

线路 7（碑林区）

推荐寻访方式

自驾或骑行 + 步行

推荐寻访路线

此段寻访集中在城东。从罔极寺（免费景区）开始，一路向东，分别有八仙庵（收费景区）、西安东新巷礼拜堂（定期开放）、秦庄襄王墓（公共区域）和西光中学里的西安万寿寺塔（需预约）。寻访完向西约 4 千米为兴庆宫遗址（免费景区），其南侧为西安交通大学主楼群（需预约）。继续向南 1 千米即为此行终点青龙寺遗址（免费景区）。

推荐寻访重点

罔极寺、西安东新巷礼拜堂、西安万寿寺塔体量不大，约用时半小时；八仙庵体量较大，可用 1 小时。秦庄襄王墓有封土和碑刻遗存，推荐半小时寻访。兴庆宫遗址在景区内，半小时可完成。西安交通大学主楼群要按开放程度酌情寻访。青龙寺遗址内有遗址和展厅，春天樱花开放时最美，推荐 1 小时。由此返回市区需约半小时，综合以上所有文保点，所需时间 1 天。

八仙庵
（成英文／摄）

兴庆宫遗址
（成英文／摄）

线路 8（新城区）

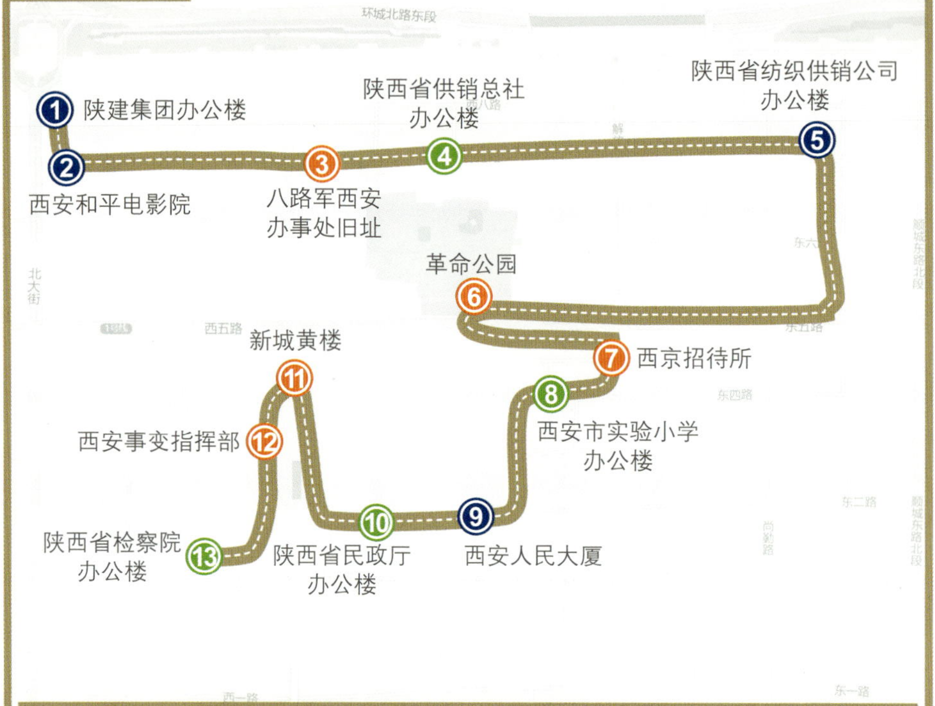

推荐寻访方式

骑行或步行

推荐寻访路线

此路线集中在城墙内的东北片区，文保点的间距最短仅 100 米，最长不过 1.5 千米。路线规划从此区域的西北角开始，由北向南依次寻访。虽然规划的文保点数量众多，但很多文保点是办事机构所在地，尤其是西安事变旧址的几处文保子项还在省政府办公区内，进入内部需要预约或联系管理人员。不过大部分文保点的沿街外立面是可以观看的，几处大楼推荐到路对面观看，可以拍摄完整的楼体。这其中，革命公园为公共区域，八路军西安办事处旧址为免费景区，其他都需提前询问开放情况。

推荐寻访重点

因为开放情况比较复杂，如果均可进入内部一观，则需要至少 1 天时间进行寻访，若仅沿街看外立面则半天即可。八路军西安办事处旧址内有展览，推荐 1 小时寻访；革命公园内子项较多，也推荐 1 小时。当然，除了以上推荐，时间允许还可以和城墙内的另外三条线路串联，周边还有其他各级文保，若时间充裕，可根据华古 App 或小程序酌情增加。

陕建集团办公楼

（成英文/摄）

西安人民大厦

（成英文/摄）

线路 9（莲湖区）

推荐寻访方式

骑行或步行

推荐寻访路线

此路线集中在城墙内的西北片区。文保点的间距最短仅 100 米，最长不过 1.6 千米。路线规划从此区域的西北角开始，由北向南依次寻访。其中，止园为免费景区，西安广仁寺古建筑群、北院门 144 号民居为收费景区，其他几处进入内部需要预约或联系管理人员，尤其是政府机关办公区。若不进入，仅沿街观看外立面可以直接寻访。

推荐寻访重点

因为开放情况比较复杂，如果均可进入内部一观，则需要至少 1 天，仅沿街看外立面则半天即可。西安广仁寺古建筑群体量较大，推荐 1 小时；止园内有展览，结合建筑本体，推荐 1 小时。两处清真寺如果可以进入，内部细节也很多，推荐半小时。当然，除了以上推荐，时间允许还可以和城墙内的另外三条线路串联，周边还有其他各级文保，若时间充裕，可根据华古 App 或小程序酌情增加。

西安广仁寺古建筑群
（成英文／摄）

北院门 144 号民居
（拜罗依特／摄）

线路 10（莲湖区）

推荐寻访方式

骑行或步行

推荐寻访路线

此路线集中在城墙内的西南片区，文保点的间距最短仅 100 米，最长不过 1.5 千米。路线规划从此区域的东部开始，由北向南依次寻访。虽然规划的文保点数量很多，但很多文保点是办事机构所在地，进入内部需要预约或联系管理人员，不过大部分沿街外立面是可以观看的。其中，西安城隍庙为免费景区，钟楼、鼓楼为收费景区，其他都需提前询问开放情况。

推荐寻访重点

因为开放情况比较复杂，如果均可进入内部一观，则需要至少 1 天。其中，钟鼓楼可以登楼寻访建筑内部，也可以在路对面看建筑整体，两处推荐 1 小时；西安清真寺景区中轴线已经基本复原，推荐半小时。两处清真寺内的细节极多，若能进入，每处都推荐 1 小时。当然，除了以上推荐，时间允许还可以和城墙内的另外三条线路串联，周边还有其他各级文保，若时间充裕，可根据华古 App 或小程序酌情增加。

五星街天主教堂
（拜罗依特／摄）

中山图书馆旧址
（成英文／摄）

线路 11（莲湖区）

推荐寻访方式

公共交通或自驾

推荐寻访路线

此段寻访离市区较近，相对轻松。从玉祥门外的任家庄门楼（公共区域）开始，其后向南直走 2 千米可达隋大兴唐长安城遗址的子项西市遗址（收费景区）。继而向西 6 千米，西安外事学院内有鱼化寨遗址公园（暂不开放，需预约）。寻访完向南约 5 千米即为陕西宾馆别墅群（需预约），内有 8 个子项，可按开放程度依次参观。最后向北折返约 5 千米可达延平门遗址公园（公共区域）作为收尾。

推荐寻访重点

任家庄门楼是单体建筑，规模不大，20 分钟可以看完。乘公交或骑行向南，半小时可达大唐西市博物馆，馆内有遗址和文物陈列，时间较难估算。之后向西约 30 分钟车程到达鱼化寨遗址，地表仅有复建的公园，寻访 20 分钟即可。继而向南约 30 分钟到达陕西宾馆别墅群，8 幢别墅开放情况不一，需酌情寻访。之后向北约 30 分钟到达延平门遗址公园，寻访耗时较少。综合以上所有文保点，所需时间至少半天。当然，除了以上推荐，周边还有其他各级文保，若时间充裕，可根据华古 App 或小程序酌情增加。

任家庄门楼（刘嘉辉／摄）

陕西宾馆别墅群（张驰／摄）

线路 12（临潼区）

推荐寻访方式

自驾或公共交通

推荐寻访路线

此段寻访全部位于临潼区，从临潼火车站附近的姜寨遗址（公共区域）开始，其后一路向南到达华清宫景区（收费景区）。景区面积很大，山下可依次寻访华清宫遗址的子项梨园遗址、九龙殿御汤遗址和西安事变旧址的子项华清池五间厅，继而上山可依次寻访西安事变旧址的子项兵谏亭和华清宫遗址的子项朝元阁遗址。寻访完下山，向东可达秦始皇陵（收费景区），陵东就是举世闻名的兵马俑陪葬坑，配有博物院可详细参观。

推荐寻访重点

从西安市区至姜寨遗址需驱车约 1 小时，遗址地面已无遗存，打卡完即可。驱车向南约 10 分钟可达华清宫景区。华清宫景区内遗存极为丰富，山上山下都有，时间难以估算，推荐最少 3 小时左右。出景区向东约 20 分钟到达秦始皇陵，陵区有封土、百戏俑坑博物馆、文吏俑坑博物馆、铜车马博物馆等，一旁的兵马俑陪葬坑也有一、二、三号坑和文物陈列厅，时间难以估算，同样推荐 3 小时。由此返回市中心经高速公路约 1 小时。综合以上所有文保点，所需时间至少 1 天，如果时间允许想仔细寻访，推荐 2 天，一天华清宫，一天秦始皇陵。当然，除了以上推荐，周边还有其他各级文保，若时间充裕，可根据华古 App 或小程序酌情增加。如放弃姜寨遗址，可利用公共交通，市区至华清宫有地铁，约 1 小时；华清宫至秦始皇陵有公交，约半小时。

线路 13（灞桥区）

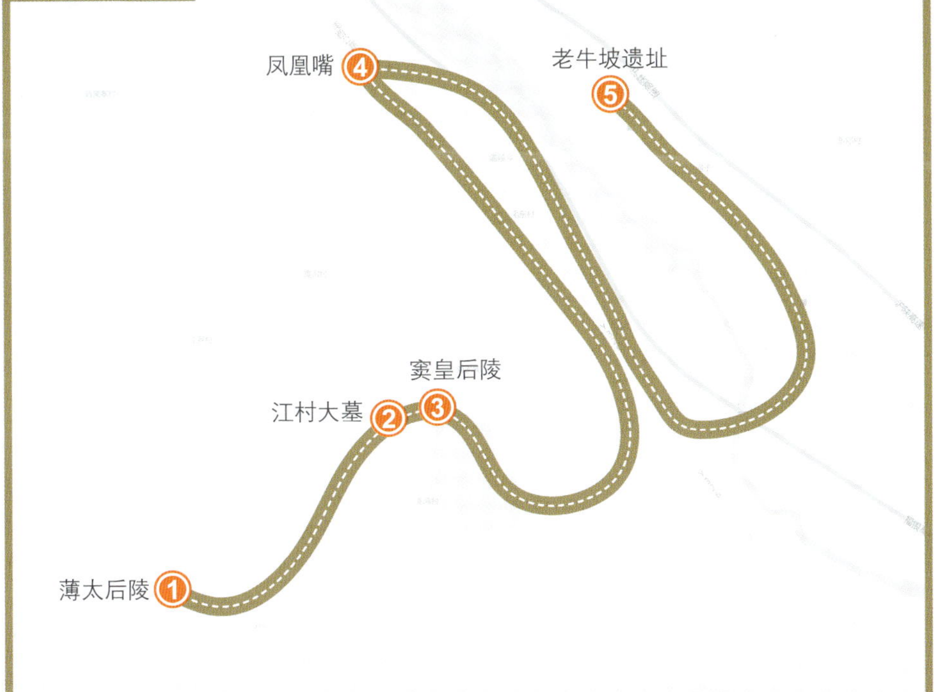

推荐寻访方式

自驾

推荐寻访路线

此段寻访离市区较远，两点之间跨度较大。从薄太后陵（免费景区）开始，向北 4 千米可到达江村大墓（考古中，暂不开放），其东边不远，即为窦皇后陵（公共区域）。寻访完要向南绕过杏林坡，约 8 千米到达凤凰嘴（公共区域）。其后还需向南绕行过灞河，约 8 千米到达老牛坡遗址（公共区域），便可收尾。

推荐寻访重点

从市区驱车至薄太后陵需约 1 小时，有封土和碑刻可以寻访，封土可上，寻访约 1 小时。向北约 10 分钟可达江村大墓，旁边的窦皇后陵寻访和薄太后陵相同。向南绕行后北上约 20 分钟到达凤凰嘴，仅有碑刻几通，半小时可以看完。然后绕行灞河约 20 分钟到达老牛坡遗址，遗址地面无遗存，有纪念广场和雕像可以一观。此处回市区需约 1 小时。综合以上所有文保点，所需时间约 1 天。当然，除了以上推荐，周边还有其他各级文保，若时间充裕，可根据华古 App 或小程序酌情增加。

线路 14（灞桥区）

推荐寻访方式

自驾

推荐寻访路线

此段寻访从离市区不远的半坡遗址（收费景区）开始。其东约 1 千米有西北一印旧址（公共区域）可顺序寻访。之后向东北约 5 千米沿灞河寻访灞桥遗址（公共区域）。寻访完过河后，沿东城大道向东北约 3 千米有孙蔚如将军旧居（不开放，可看外观），继续向东有洪庆古墓（公共区域）、小寨汉墓（公共区域）可路过一观。继续向东可达秦东陵（公共区域），陵区部分正在考古不开放，未考古区域可寻访。其南侧有井深沟遗址（公共区域）可一并看完。

推荐寻访重点

从西安市区至半坡遗址需驱车约 30 分钟，半坡博物馆内容丰富，有遗址和展厅，寻访时间难以预估，走马观花也需 1 小时。旁边的西北一印旧址有几个区域，寻访时间约半小时。之后驱车至灞桥遗址约 15 分钟，地表无迹可寻，凭吊留念半小时可完成。之后的孙蔚如将军旧居、洪庆古墓和小寨汉墓都相对简单。向东驱车约半小时可到秦东陵，其开放陵区有封土可以一观。其南侧不远处有井深沟遗址可以顺便一起寻访。由此返回市中心需约 1 小时。综合以上所有文保点，所需时间至少半天。当然，除了以上推荐，周边还有其他各级文保，若时间充裕，可根据华古 App 或小程序酌情增加。

西北一印旧址

（刘东／摄）

孙蔚如将军旧居

（拜罗依特／摄）

线路 15（雁塔区）

推荐寻访方式

自驾或骑行 + 步行

推荐寻访路线

此段寻访集中在城南，也是西安地标建筑集中所在。从西北大学礼堂（需预约）开始，参观完建筑向东南约 3 千米可达小雁塔景区（收费景区），寻访完后继续向南有大兴善寺（免费景区），再向东南约 4 千米即为大雁塔景区（收费景区）。游览完向西南 6 千米有陕西师范大学图书馆（需预约），其南紧靠圜丘遗址（公共区域）。最后向西北 2 千米为明德门遗址（公共区域）作为终点。

推荐寻访重点

西北大学礼堂约用时半小时；小雁塔景区内文物丰富，一侧还有西安博物院，用时较难估算；大兴善寺也需要半小时以上；大雁塔景区需要最少 2 小时。再向西南 20 分钟，可达陕西师范大学图书馆，其南侧的圜丘遗址可寻访半小时。最后向西北约 10 分钟寻访明德门遗址。由此返回市区需约半小时，综合以上所有文保点，所需时间 1 天。当然除了以上推荐，周边还有其他各级文保，若时间充裕，可根据华古 App 或小程序酌情增加。

大兴善寺
（成英文／摄）

陕西师范大学图书馆
（张驰／摄）

线路 16（阎良区）

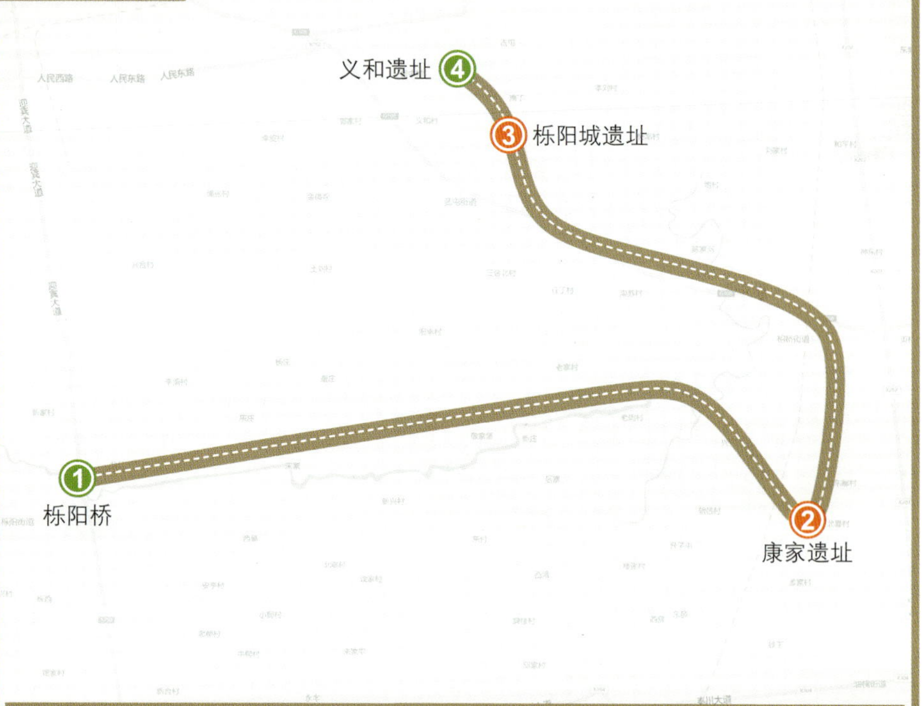

推荐寻访方式

自驾

推荐寻访路线

此段寻访全部位于阎良区，从清河上的栎阳桥（公共区域）开始，其东 18 千米有康家遗址（公共区域）。其后北上经 G108 可达栎阳城遗址（免费景区），一路会经过数个文保碑，最终在新牛村有遗址展厅。其北 2 千米的石川河北岸有义和遗址（公共区域）可一并寻访。

推荐寻访重点

从西安市区至栎阳桥需驱车约 1 小时 10 分钟，桥保存较好，但结构简单，半小时寻访即可。向东驱车半小时可达康家遗址，遗址地面无遗存，仅有文保碑。西北方向驱车半小时可达栎阳城遗址展厅，有两个展厅可依次参观，寻访时间推荐 1 小时。继而向北过石川河寻访义和遗址收尾。此处返回市区驱车经高速公路约 1 小时 10 分钟。综合以上所有文保点，所需时间至少半天。当然，除了以上推荐，周边还有其他各级文保，若时间充裕，可根据华古 App 或小程序酌情增加。

栎阳桥

（拜罗依特／摄）

义和遗址

（拜罗依特／摄）

线路 17（长安区）

推荐寻访方式

自驾

推荐寻访路线

此段寻访全部为墓葬。从杨武庄公墓及祠（暂不开放，需预约）开始，之后向东南 5 千米为凤栖原西汉家族墓地（公共区域）。其后向东北 2.5 千米有明秦宣王墓（公共区域），旁边 500 米为世子墓（公共区域），再就是其东 3 千米的明秦简王墓（公共区域），之后是东 4 千米的明秦憨王墓（公共区域），其旁 1 千米为明秦隐王墓（公共区域）。再向东北 2 千米到达杜陵遗址生态公园（免费景区），内有汉宣帝杜陵和孝宣王皇后陵可依次参观。之后返回市区方向约 6 千米寻访秦二世胡亥墓（公共区域）收尾。

推荐寻访重点

从市区至杨武庄公墓及祠约半小时，寻访半小时即可。向东南 10 分钟可达凤栖原西汉家族墓地，已回填，地表无遗存。东北向驱车 10 分钟为明秦宣王墓，有神道石刻和封土，半小时可寻访完，之后的世子墓基本为复原广场，打卡可走。向东 10 分钟到明秦简王墓，有石刻和封土，同样时间参考。再向东 10 分钟到明秦憨王墓，它和其东边的明秦隐王墓一样，情况同上。之后向东北 10 分钟进入杜陵遗址生态公园，两个陵均可登顶，还配有博物馆，推荐 2 小时。返回市区途中 10 分钟可达秦二世胡亥墓，仅有低矮封土。由此返回市区约需半小时，综合以上所有文保点，所需时间 1 天。当然，除了以上推荐，周边还有其他各级文保，若时间充裕，可根据华古 App 或小程序酌情增加。

杨武庄公墓
（刘嘉辉／摄）

秦二世胡亥墓
（成英文／摄）

线路 18（长安区）

推荐寻访方式

自驾

推荐寻访路线

此段寻访从杨虎城陵园（免费景区）开始，其一侧还有杜公祠（维修暂不开放）。之后向东南约 2 千米为长安华严寺塔（免费景区）。寻访完向东约 10 千米即为明秦康王墓（公共区域），其南 3 千米有明秦惠王墓（免费景区）。继续向东北 4 千米为许皇后陵（公共区域），寻访完折返向南至兴教寺塔（免费景区）。寻访后继续向东约3千米为朱子桥墓（公共区域），作为收尾。

推荐寻访重点

从市区至杨虎城陵园约 45 分钟，陵园和一侧的杜公祠结构简单，寻访半小时即可。向东南 10 分钟即达长安华严寺塔，两塔各有特色，可到后面土坡平视细节，推荐寻访 1 小时。再向东约 20 分钟为明秦康王墓，有石刻和封土遗存，建议寻访 1 小时。向南 10 分钟可达明秦惠王墓，寻访情况同上。向东北约 10 分钟可达许皇后陵，有封土可登顶。折返向西南 20 分钟到达兴教寺塔，建议寻访 1 小时。其东 3 千米的朱子桥墓结构简单，打卡完即可返程。由此返回市区需约 1 小时，综合以上所有文保点，所需时间 1 天。当然，除了以上推荐，周边还有其他各级文保，若时间充裕，可根据华古 App 或小程序酌情增加。